ク ドキドキが いっぱい！

「こっちだよ！　ここまでおいで！」

好奇心がハイハイへとつながります

こばと保育園（福岡）

「そ～っと　忍びこめ（笑）」

楽しく動ける環境づくりがポイント

乙房こども園（宮崎）

「プップー、車が通りますよ!!」

廊下が道路に早変わり

若竹保育園（福岡）

「ゆっくりゆっくり」

「よーし　ぼくちゃんも！」

小さなアトラクションにドキドキ

よいこのくに保育園・遊々舎（大分）

「み～んな泥んこ！　気持ちいい！」
泥んこの感触は最高
乙房こども園（宮崎）

「オッ さむーい！　さあ走ろう！」
寒くなっても走れば楽しいね
南方保育園（宮崎）

「そうそう！　上手になってきたね！」
一緒が嬉しいね
黒肥地保育園（熊本）

「わ～　すべっちゃうよ～！」
ワクワクしながらの挑戦
保育園ひなた村自然塾（佐賀）

「稲がたっくさんとれたよ！」

農的体験が身体をつくる

黒肥地保育園（熊本）

「スポーンと抜けたよ、大収穫！」

力いっぱい！の経験は最高の宝物

よいこのくに保育園・遊々舎（大分）

「わたしも　ぼくも

のぼるのおもしろい！」

園庭のカーブした木は大人気

むぎっこ保育園（鹿児島）

「まだまだ遊びたりないよ」

プールの後は泥んこ遊び

柳瀬保育園（福岡）

「どんなに揺らしたって、落ちないよ！」

仲間と一緒に大はしゃぎ

玄海風の子保育園（福岡）

「えっすべり台？　上っちゃうし！」

子どもたちの遊び方は自由自在

河内からたち保育園（熊本）

「激流下りで“絶叫”4歳児の夏」

身体とともに

こころも鍛えられます

大口里保育園（鹿児島）

「せーのっ！　とびこめ～！」

ダイナミックに水遊び

わかくさ園保育所（長崎）

保育っておもしろい！

ワクワクドキドキ身体づくり

かもがわ出版

九州合研常任委員会◎編

「保育っておもしろい！」ブックレット刊行によせて

九州保育団体合同研究集会（略称　九州合研）は一九七〇年に産声をあげた自主的で民主的な保育研究運動の組織です。「保育者の良心の砦　九州合研」「九州は一つ」を合言葉に、毎年一回、九州各県持ち回りで一〇〇〇人規模の集会を開催しています。

九州合研は、保育者・親・研究者・医師など参加者みんなが対等平等に向かい合い、「話し合って学び合う」ことを大切に、分科会で提案された実践を深め、真に実践を導く理論の創造に向けて歩みを進めて参りました。その実践的・理論的蓄積を多くの方々と共有したいという願いを込めて、二〇〇九年の長崎集会で、九州合研四〇周年記念ブックレット「保育っておもしろい！」シリーズの『集団づくり』と『乳児保育』を同時刊行いたしました。それ以来、『障がい児保育』（二〇一二年）、『3・4・5歳児の保育』（二〇一三年）、『こどもがえがく・こどもがつくる』（二〇一四年）、『おいしいね！　たのしいね！　給食と保育』（二〇一六年）を刊行してきました。そして、二〇一八年第四八回長崎集会において、シリーズ七冊目「ワクワク　ドキドキ　身体づくり」を刊行いたします。子どもの健やかな育ちを願うすべての方々にこの小冊子がお役に立つことができればと願っています。

九州保育団体合同研究集会　常任委員会代表　**大元　千種**（二〇一八年八月）

はじめに――遊びを通した身体づくり

一九七七年の第八回九州合研福岡集会で「身体づくり・運動分科会」の前身である「健康保育分科会」が誕生しました。一九七八年に「警告!子どものからだは蝕まれている」がNHKテレビで放映され、一九七九年には、この番組制作に携わった正木健雄氏による『子どもの体力』(大月書店)が出版されました。科学的な分析によって明らかにされた子どもの身体の異常が親や教師、そして保育者に強い衝撃を与えたことが分科会設立の時代的背景にあったといえます。それから四〇年、子どもたちを取り巻く環境の変化の中で、子どもたちの身体とこころの育ちそびれが指摘されています。

このブックレット刊行に向け、私たち編集委員は、二〇〇七年久留米・大牟田集会から二〇一六年大分集会までに「身体づくり・運動分科会」で提案された実践一九本を読み直しました。そして、この一〇年間の子どもたちの身体の育ちを保育者がどのように捉えているのか、さらに、そうした現状(課題)に対してどのような思いを込めて保育を試みたのかを検討しました。この検討を通して、乳幼児期の身体づくりは、「できるようにする」「つよく、たくましくする」ことだけをめざすのではないという思いを強くしました。

このブックレットが、今までの実践の積み重ねを引き継ぎ、子どもたちがワクワク、ドキドキするような、遊びを通した身体づくりの新たな実践を創り出すきっかけになることを願っています。

■福井　英二(九州合研ブックレット『ワクワク　ドキドキ　身体づくり』代表)

「保育っておもしろい！」ブックレット『ワクワク　ドキドキ　身体づくり』◎もくじ

グラビア◉毎日、ワクワク　ドキドキがいっぱい！

「保育っておもしろい！」ブックレット刊行によせて　2

はじめに――遊びを通した身体づくり　3

第1章　子どもの遊びと身体づくり・運動　7

1　子どもの現状～子どもたちの姿から見えることは～　8

2　「楽しい！」「やってみたい！」を引き出すために　11

●「わが園で人気の運動遊び」　15

ゴリラケイドロ／靴取り鬼

第2章　子どもの発達をふまえた身体づくりをめざして　19

1　子どもの身体の育ちそびれ　20

2　子どもの身体づくりを支えるために　28

●「わが園で人気の運動遊び」　33

つるつるお山／プールでの水遊び

第3章　乳幼児期の身体の発達を支える保育実践 37

1　乳児保育における身体づくり 38
実践「〇歳児期のハイハイ運動をたっぷりと——上肢支えを大切に——」 38
実践の分析と意味づけ 44
2　ワクワク　ドキドキ　遊びを通した保育実践 44
実践「ワクワク、ドキドキが子どもを育てる」 51
実践の分析と意味づけ 51
3　一人ひとりに寄り添った保育実践 51
実践「Kくんを通して見えてきたこと」 57
実践の分析と意味づけ 57
4　異年齢保育における身体づくり 57
実践「日々の暮らしや遊びの中から生まれてくる身体づくり」 64
実践の分析と意味づけ 64
5　運動会に向けた保育実践 64
実践「みんなの気持ちを一つにして（四、五歳の二年間の跳び箱の取り組み）」 71
実践の分析と意味づけ 71
■コラム　分科会を支える運営委員の学びの場「運営委員学習会」とは 71

第4章　身体づくり（運動）分科会のあゆみとこれから――73
1　身体づくりの模索期　74
（第八回・一九七七年～第一四回・一九八三年）
2　子どもの健康という現代的テーマを深め合い充実させてきた時期　75
（第一五回・一九八四年～第二五回・一九九四年）
3　〇歳児から年長児まで体育的活動の実践が掘り起こされていった時期　76
（第二六回・一九九五年～第三七回・二〇〇六年）
4　生活環境の変化の中での多様な身体づくりの実践　77
（第三八回・二〇〇七年～現在まで）
5　乳幼児期の身体づくりのこれからの課題　78
おわりに　79

装　幀・東海林さおり
カット・田中　せいこ

第1章
子どもの遊びと身体づくり・運動

1　子どもの現状～子どもたちの姿から見えることは～

■「疲れた」それでも子どもは…

現在、保育現場のさまざまな場で、「子どもたちの体力が年々低下しているように感じる」という声があがっています。乳児期においても「以前より身体に硬さを感じるようになった」「ハイハイするのを嫌がり、すぐにつかまり立ちをしたり、歩き出す子が多くなった」などの姿が見られます。残念なことですが、このような姿は体力の低下とともに、身体を動かすことへの意欲の低下のあらわれといえるでしょう。

身体を使った遊びを行う中で、子どもたちから「疲れた」という言葉を頻繁《ひんぱん》に耳にするようになりました。成長するに伴い自分の疲労の状態に応じて適切な休息をとることを判断する力は必要です。しかし、本来は「疲れ知らず」と言われる存在の子どもたちから、すぐに「疲れた」という言葉が発せられることに違和感を感じます。

「疲れた」が増えてきたのは事実ですが、それでも子どもたちは身体を動かす遊びが好きで、盛んに楽しんでいます。毎日、鬼ごっこ、ボール遊び、大型遊具での遊び、散歩など、生き生きと動き回る姿が見られます。子どもたちは「疲れた」と言いつつも、身体を動かすことの楽しさを知っています。「疲れた」を「おもしろい」が上回るようにはどうするか、特訓や訓練的な活動ではなく、遊びの中で子どもたちが「身体を動かすことが楽しい！」と感じられるようにいかに工夫するか、それがこれからの保育者に求められていると思います。

「やりたくない」の背景にあるもの〜意欲の低下？〜

幼児期の子どもは、自分のことを客観的に捉えられるようになると、自分には難しそうなことへの挑戦には臆病になる姿が見られます。そんな子どもたちも、周囲のおとなや友だちの励ましで、いつしか壁を乗り越えていきます。しかし、昨今「絶対やりたくない」とチャレンジを頑《かたく》なに拒否する子が増えてきたことが保育者間で話題にのぼるようになりました。

運動会の取り組みで、かけっこをしていた時のことです。クラスでも足の速い年長児のAくんの順番になりましたが、Aくんはスタートラインに立とうとしません。同じように年長児の女の子Bちゃんも参加するのが嫌だと言います。理由を尋ねてみると「だって、負けるの嫌だし」というのが二人の共通した返答でした。特にAくんはかけっこが得意なので、意外でした。「そう、じゃあ一人で走ってみれば？」と提案してみましたが、二人とも答えは「いや、やりたくない」というものでした。これまでも、このような姿を見せる子はいましたが、二人は本当に断固拒否という感じで、「いずれは意欲が出てくるのでは」という見通しを持てませんでした。

二人の保育園での姿や家庭の状況を改めて見直すと、

・集団での活動を極端に嫌がる。「できる」「できない」を過剰に気にする。
・急に情緒が不安定になる時があり、保育者にべったり甘えてくる。
・保護者の仕事が忙しく、その影響もあり就寝時間が遅く生活リズムが安定していない。
・アニメ、ゲーム、スマホ、DVDなどに触れる時間が長く、話題もアニメのことが多い。

などの点が見えてきました。確かに保護者が忙しく、家庭で子どもと十分関わる時間がもてなかったり、十分な睡眠時間を含めた安定した生活リズムができていなければ、子どもが自ら意欲を持って行動することは困難でしょう。しかし、それだけではなく「やりたくない」という子どもの不安な思いをもたらしている背景には、おとなの期待の押し付けがあるのではないでしょうか。いつも「できる」「できない」の評価にさらされて、「できない自分はだめなんだ」と感じてしまう環境では「自己肯定感」を育てることはできません。「疲れた」も体力面のことだけでなく、心の叫びかもしれません。ありのままの自分をしっかり周囲に受け止めてもらい、「このままの自分でいいんだ」と思えることが自分自身への信頼につながっていきます。AくんやBちゃんに限らず、「自己肯定感」を得られていない子が、現在増えてきているのではないでしょうか。「できそうにないから、もうやらない」という状況が続けば身体を動かす機会も減り、体力も低下しますし、ますます「やりたくない」という悪循環になってしまいます。まずは、保育者自身が「できる」「できない」で子どもを評価する視点から抜け出していくことが必要ではないでしょうか。

2 「楽しい！」「やってみたい！」を引き出すために

■「楽しい！」は大好きな人と一緒だからこそ

乳幼児期の身体づくりの基本として「歩く」という経験を積むことが重要です。子どもたちは散歩などを通じて、植物や虫などの身近な自然に触れて楽しみながら体力を身につけていきます。散歩以外にも、園庭では「マテマテ遊び」（注1）が盛り上がり、保育者に追いかけられると、子どもたちは「キャー！」と声をあげて大喜びで逃げ回ります。大好きなおとなとの触れ合いの中で、十分に身体を動かすことを経験した子どもは「身体を動かすことって楽しい！」と感じるようになります。大好きな人と一緒だからこそ楽しいのです。おとなとの「マテマテ遊び」から、「鬼ごっこ」そして今度は子ども同士での「ケイドロ」（注2）など、集団での遊びに発展していきます。大好きなおとなとの関係を基礎に、大好きな友だちとの遊びに楽しさを感じるようになるのです。保育者は、子どもたちにとって常に大好きな存在でありたいものです。

体力の向上とともに子どもたちの行動範囲もどんどん広がっていきます。楽しい経験をしっかり積んできた子は、周囲に促されなくても、さまざまなことに挑戦し始めます。角度のある斜面を駆け上ったり、鉄棒に自分の筋力の限界までぶら下がったり、少し高い壁によじ上ったり、平均台をバランスをとりながら渡ったり、リズムに合わせて長縄を跳ん

（注1）おとな（保育者）と、または子ども同士で「マテマテー」と言いながら追いかけたり、追われたりを楽しむ遊び。

（注2）警察（捕まえる役）、泥棒（捕まえられる役）に分かれ、グループで遊ぶ。警察が泥棒を追いかけて、タッチされたら、あらかじめ決めておいた「牢屋」に入る。泥棒が全員捕まったら警察チームの勝ち。「牢屋」に入っている泥棒に、まだ捕まっていない他の泥棒がタッチすると、「牢屋」から逃げることができる。

だり、幼児期にいろいろな動きを経験することで、自分のイメージ通りに身体を動かす力が身についていきます。そのためには、遊びの環境づくりは欠かせません。大切なのは「やりたい時にいつでもできる」ということです。「これがやりたい！」と感じた時に、いつでも取り組むことができる環境を身近につくることが、子どもが意欲を持った瞬間を逃さない工夫といえるでしょう。

■創造することがおもしろさを増す

保育園で鬼ごっことドッジボールが流行った時期がありました。ある日、Cくんから「ねぇ、鬼ごっことドッジボールを合わせたらおもしろいんじゃない？」という提案がありました。「やろう！　やろう！」と他の子もその意見に大賛成。手でタッチする代わりに、追いかけてボールをぶつけるその遊びは「ボール当て鬼」と名付けられ、子どもたちの大好きな遊びの一つとなりました。この遊びは「ボール鬼」という名前でもともと存在する遊びですが、ここでは子どもたちが創造したといってもいいでしょう。子どもたちは自らの遊びの経験をもとに、従来の遊びを組み合わせたり、新しい遊び方を創り出していきます。

「ボール当て鬼」を三、四、五歳児異年齢の集団で遊ぶと体力の差が大きく、どうしても三歳児は不利になってしまいます。四、五歳児の子が気を使って加減してくれる姿も見られましたが、力をセーブしている分、遊びの盛り上がりはいま一つ。そこで、子どもたちはまた「どうしたらいいか？」と考え始めます。「高鬼（注３）みたいにしたらいいんじゃない？」と誰かが提案し、「高い所に上っている時は、ボールを当てたらダメ」という新しい遊び「ボール当て高鬼」が生まれました。その結果、三歳児は逃げ場ができて、遊びはこれまで以上に盛り上がりました。まず「ボール当て鬼」は、鬼ごっことドッジボールの遊びの十分な経験なしには子どもたちからの新しい発想が生まれることはなかったでしょうし、その後の「ボール当て高鬼」も同様です。遊びの中で自分自身の経験値を積み重ねていくこと、これがとても大切だと思うのです。

子どもたちにとって「自分で考えた」ということは、遊びへのモチベーションを高めるものです。「ボール当て鬼」も息を切らせながら、クタクタになるまで毎日続けていました。クタクタになるまで遊ぶことは、当然体力の向上にもつながります。体力がつき、もっと遊びが長続きすると、さらに体力が向上する、この好循環が生みだされます。そして、「夢中になって遊び込む」という経験が「また明日この遊びをしよう！」「違う遊び方も考えよう」というさらに新しい遊びを生み出していく意欲も高めていくのではないでしょうか。

■遊び心をもった保育者に！

あなたは、子どもがワクワク、ドキドキするような遊びをいくつ知っていますか？　今日の子どもたちはどんな遊びをしていて、どこにおもしろさを感じていましたか？　そして、子どもたちと一緒に夢中になって遊び、「楽しさ」や「おもしろさ」を共感できまし

（注３）通常の鬼ごっこのルールに、高い所にいれば鬼に捕まえられないというルールを加えた遊び。

たか？

「保育者が、子どもと一緒に遊ばなくなった」と言われています。私たち保育者にとってこれは大きな問題ではないでしょうか？

あなたは安全面だけを気にかける存在になっていませんか？「できた」「できない」だけの言葉かけになっていませんか？　子どもたちは一緒にワクワク、ドキドキしてくれる遊び心を持った保育者を求めています。遊び心を磨いていくことは、保育者の専門性を高めていくことそのものです。遊び心を十分に発揮し、子どもに負けないくらい身体を動かして、遊びを思いっきり楽しめる保育者になりましょう！

■坂本　慎也

「わが園で人気の運動遊び」

●ゴリラケイドロ

鹿児島・共同保育所ひまわり園

二歳児後半から五歳児まで混じってみんなで楽しめる「ゴリラケイドロ」。園庭や散歩先でよく遊んでいます。遊び方は初めは保育者がゴリラの警察官になり、ドロボウ（子どもたち）を捕まえに行きます。

捕まえられた子どもは牢に見立てた円の中に入れられ、仲間が助けに来るまで牢から出ることはできません。ゴリラ警官は「ゴリラの雄叫《おたけ》びウッホホー」と叫びながら胸をどんどこたたき、ゴリラになりきり、迫力満点に子どもたちを追いかけ回します。子どもたちは「捕まるもんか」と必死に逃げ回ります。捕まった子は牢に入れられ「ゴリラの雄叫びウッホホー」と一緒に叫び、子ゴリラにさせられます。警官は周りの子に向かって「勇気のあるやつは助けに来てみろ、このへなちょこどもめが！」と挑発します。すると子どもたちは「なんだとゴリラめぇ！」と言いながら牢の中にいる仲間を警官に捕まらないよう注意して助けに行きます。しかしこの時が一番捕まりやすいのでみんなで作戦を立て、「ほらほらこっちだよ捕まえてみろ」

と遊具の陰に隠れながら、警官の気をそらし、牢から警官が離れた瞬間に別の子が助け出します。見事助け出すことができた時、警官が「しまった！　逃げられた」と悔しがる素振りを見せると、「いぇ～おれたちはへなちょこじゃねえぞ」と勝ち誇った表情で返し、また追いかけっこが始まります。

ルールはシンプルですが、子どもたちが安心して繰り返し楽しく遊べることが大事なので、二、三歳児は追いかけるだけで捕まえません。四歳児は時々捕まえ、五歳児は本気で捕まえに行きます。年長児が鬼役をする時も同様です。遊びが盛り上がるポイントは、ゴリラ警官の演技と仲間を助け出す場面です。単純な鬼ごっこですが、年長児が中心になり作戦を立て協力し合いながら、異年齢で遊びを継続できるところが楽しさの秘訣かもしれません。

●靴取り鬼

大分・たんぽぽ保育園

園庭が狭い本園では、寒くなると室内で過ごす子が増えてきます。そこで集団で遊べ、四、五歳児を魅了する外遊びを模索し続けました。こうして根づいたのが、わが園の伝承遊びの一つ「靴取り鬼」。一〇～二〇人で遊ぶことができます。

ルールは、簡単にいえば靴を守る鬼から自分や仲間の靴を取り返すというものです。場所は五、六メートル四方もあれば十分。まず、参加する子どもたちは園庭の中央に自分の片方の靴を置きます。片方だけ裸足になった子どもたちは、安全地帯（近くの木など）に触れて準備完了。鬼の合図でゲームスタートです。あとは鬼の隙を狙って靴を取り返していきます。自分の靴でなくてもOKです。取った靴は持ち主に返してあげます。靴を全部取り返されたら鬼の負けです。取る時に鬼にタッチされたら、もう片方も差し出さなければならず、安全地帯で待機となります。誰かが取り返してくれるまで参加できません。

初めは鬼役を保育者がやり、靴を取る楽しさを知ることからスタート。鬼の死角になる斜め後方から、滑り込むように靴を取る技術は失敗を重ねる中で編み出されたもの。一度にたくさん取った子は、その日のヒーローになります。少しでも油断するとあっという間に根こそぎ取られるので子ども相手でも真剣勝負。取る側は、鬼の隙を狙う観察力と瞬発力が必要です。鬼を惑わせる踊りや「あ、カラス！」などの嘘っこで気をそらせる作戦でも盛り上がります。ルールがきちんと入ったところで子どもと鬼を交替。二人組で、一人が靴を守り、一人が追いかけてタッチする役といったところから始めるといいでしょう。すぐに鬼が負けて泣き出したり、何か月も見ているだけだった子が突然参加したりと日々ドラマがあり、こころも身体も成長しているのを感じます。冬は靴ではなく一〇〇円ショップの色柄違いの手袋を利用する「手袋鬼」を考案し、寒い冬でも外で遊べるようになりました。

第2章

子どもの発達をふまえた身体づくりをめざして

1　子どもの身体の育ちそびれ

■「三間《ま》の喪失」「ス漬けの生活」による遊びの変質

遊びの「空間」「仲間」「時間」といった「三間《ま》の喪失」が指摘された高度経済成長期から半世紀、今の時代を生きる子どもたちは、三つの「ス」にどっぷり漬かった「ス漬けの生活」を送っています。一つには、テレビ、ビデオの普及にくわえ、「ファミコン」（一九八三年）、「ゲームボーイ」（一九八九年）の発売開始をきっかけとしたテレビゲームの出現によって、子どもたちは「スクリーン」を見つめながら過ごす生活に取り込まれていきます。さらに、近年ではスマートフォンやタブレット端末を育児に利用するスマホ育児により「スクリーン」との接触が低年齢化しています。ベネッセ教育総合研究所の調査（注1）では、首都圏の一～六歳までの四八・六％、六歳児では八二・七％が習い事に通っています。二、三種の習い事を掛け持ちし、週三、四日の頻度で、二つ目の「ス」である「スクール」通いをするという、降園後や休日の忙しい子どもの様子がうかがえます。三つ目の「ス」は「スポーツ」です。異年齢集団で群れながら、身体を思いっきり動かした、かつての「戸外遊び」は、親が月謝を払い、運動・スポーツを「習う」キッズスポーツ産業に取って代わられた感があります。

遊びの「空間」「仲間」「時間」の減少という量的な側面を指摘した「三間《ま》」の喪失にく

（注1）ベネッセ教育総合研究所：第五回幼児の生活アンケート、一八―二二頁、二〇一六。

わえ、「スクリーン」「スクール」「スポーツ」といった「ス漬けの生活」は、遊びの質的な変容を示唆しています。かつての遊びは、何人かの友だちと、屋外で、身体を動かしながら、これといったおもちゃも使わず、一人ひとりが創意工夫をこらしつつ、子どもだけの世界で遊ぶという特徴がありました。だからこそ、体力、直接経験、社会性、創造性、やる気、精神的な安定などさまざまなことを遊びを通して育むことができました。しかし、今の子どもたちは、一人きりで、屋内で、身体を動かすことなしに、メカ（ゲーム機などの機械）に囲まれて、メカの指示に従う受け身の形で、あるいは、おとなの管理の下で遊ぶ、こうした遊びの変質の中で、身体（運動）の育ちそびれがもたらされているのです。

■子どもの身体（運動）の育ちそびれ

幼児の運動能力は、一九六〇年代以降、身長・体重などの体格とともに向上していました。しかし、一九八〇年代半ばをピークに一九九〇年代後半にかけて大きな低下が見られ、低い水準のまま現在に至っています（注2）。また、タイムや距離を計測して運動発達を量的に評価する運動能力にくわえ、後述するような運動のぎこちなさといった質的な発達でも問題が指摘されています。走る、跳ぶ、投げるなど七つの基本的な動きの出来栄えについて一九八五年と二〇〇七年を比較した研究では、二〇〇七年の五歳児の発達の度合いは、一九八五年の三歳児と同じ程度であったことが明らかにされています（注3）。最近の五歳児の動きの出来栄えは二〇年以上も前の三歳児とほぼ同じ姿に止まっているという

（注2）森司朗ほか：二〇〇八年の全国調査からみた幼児の運動能力、体育の科学、六〇巻一号、五六―六六頁、二〇一〇。

（注3）中村和彦ほか：観察的評価法による幼児の基本的動作様式の発達、発育発達研究、五一巻、一―一八頁、二〇一一。

ことになります。

運動能力調査でも低下が著しいとされている「投げる」動作を例にすると、図1上・中段の未熟なパターンのように、年長児になっても棒立ちのまま肘や腕の曲げ伸ばしだけで投げようとする、投げる腕と反対側の脚を前に踏み出さずに投げようとする子どももいます。かつては、大きな川で石を投げたり、水切り（注4）をして遊ぶ、紙飛行機や紙でっぽうを作って遊ぶ、メンコ（注5）で遊ぶことなどを通して、上手な子どもやおとなの真似をしながら、図1下段の発達したパターンのような「投げる」動作に関連する動きを自然に身につける機会が多くありました。しかし、今の子どもたちは、ボールを「投げる」という直接的な経験だけでなく、「投げる」の動作につながるような遊びの体験が不十分な環境の中で育っています。

また、四歳頃になっても一段ご

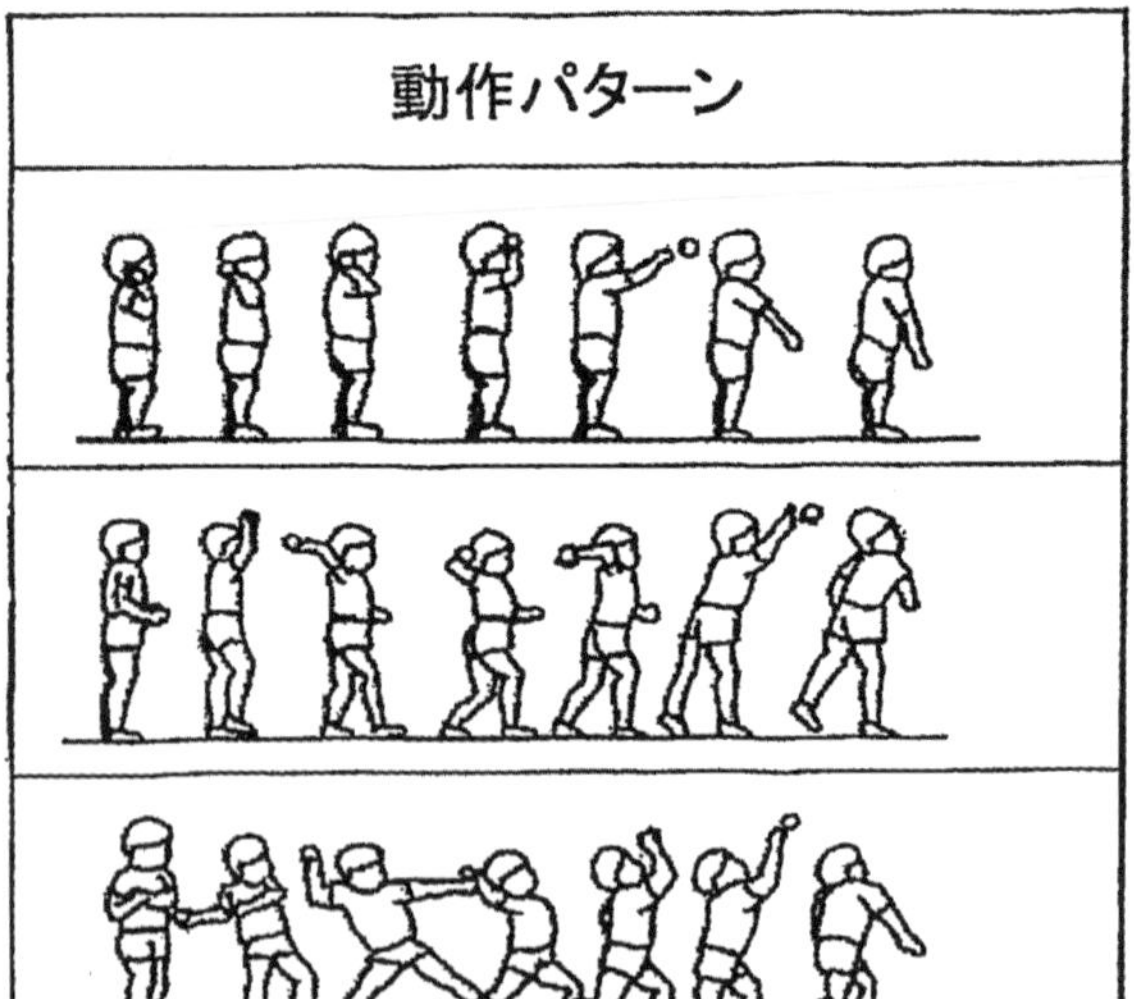

図1　投げる動作の発達段階の特徴
（参考：文部科学省「幼児期運動指針ガイドブック」2013、p.13.）

（注4）水面に向かって石を投げ、水の上で石を跳ねさせて、その回数や距離を競う遊び。なるべく平たい石を使い、投げる時に水面に対し浅い角度で横手に投げるのがコツ。

（注5）厚紙製のカード型や円形のメンコを地面に叩き付けながら行う遊び。地面に置いてある相手のメンコを裏返したら勝ちなどで競い合う。

とに足を揃えなければ階段を下りられない、座らなければ靴を履けないなど、生活場面での動きが未熟な幼児も増えています。こうした背景には、遊びの変質だけでなく、子どもを取り巻く生活環境が大きく変容してきたことも要因としてあげられます。子どもの遊びや生活環境の現状を把握し、その上で遊びや生活場面での運動経験を豊かにする方策を考えていかなければなりません。自然など身近な環境との関わりに関する活動、例えば、近くの公園まで散歩して坂道やでこぼこ道を歩いたり（第3章の「ワクワク ドキドキ 遊びを通した保育実践」参照）、草むしりや水やりをしながら花や野菜を育てたり、収穫したものを調理する活動には、体育・スポーツ活動とは違ったさまざまな動きやしぐさが含まれています。このような活動を人間らしい生活を送るために必要な技術を身につける機会として日常の保育活動に位置づけていくことも今後の実践課題となるでしょう。

■習うより遊ぼう！

身体の育ちの現状に対する危機意識を反映し、二〇〇八年告示の『幼稚園教育要領』（注6）における健康領域の「内容の取り扱い」では、「十分に体を動かす気持ちよさを体験し、自ら体を動かそうとする意欲が育つようにすること」が加筆され、二〇一七年改訂（改定）『教育要領』・『保育指針』に至っています。「体を動かす気持ちよさ」を体験したり、「動かそうとする意欲」を育むためには、「基本的な動き」の習得に関わった保育者による意図的な働きかけが、今まで以上に必要になっています。しかし、保育者の多忙化で、運動

（注6）文部科学省：幼稚園教育要領、チャイルド本社、三四頁、二〇〇八。

に関わる計画的な活動を外部に委託しているケースも少なくありません。ベネッセ教育総合研究所の調査（注7）によれば、私立幼稚園では七八・五％、私立保育園の六二・四％が、通常保育時間内に「体操（組体操など）」の一斉活動を実施しています。一方で、国公立幼稚園でのその割合は二七・九％、公立保育園では三八・五％とあまり高くはありません。そうした活動を外部からの派遣講師が指導している割合は、私立幼稚園七八・四％、私立保育園六二・八％にのぼっています。さらに、私立幼稚園の五九・九％が、正規の保育時間外に有料で行うスポーツクラブ、体操教室、水泳などの活動を行っており、キッズスポーツ産業への「外注」が進んでいることがうかがえます。「三間《ま》の喪失」の中で身体を動かす機会が少なくなっている反面、「スクール」「スポーツ」漬けの生活によって早い段階から身体を動かす機会を得ている子どももおり、学力と同様に、幼児期からの二極化も懸念されるところです。

しかし、外部派遣講師にお金を払って「運動指導を行っている」からといって、子どもの運動能力が育つのかというとそうでもありません。二一頁の（注2）で紹介した幼児の運動能力調査によると、①運動指導を行っていない園の方が、行っている園よりも運動能力の得点が高い、②積極的に運動指導をしている、また、一斉指導をしている度合いが高いほど得点が低い、③子どもが運動の種類やルールを決める程度が高い園ほど得点が高い、ということです。どうして、意識的に運動指導をしている園の方が、子どもの運動能力が低いのでしょうか？　幼稚園や保育園で積極的な運動指導に取り組む場合、園児募集

（注7）ベネッセ教育総合研究所：第2回幼児教育・保育についての基本調査報告書［二〇一二］、八四―八七頁、二〇一四。

などのおとなの事情が優先され、できた時の見栄えがいい、保護者受けがいい運動種目が選択されがちです。おとなが選んだ特定の種目に含まれる同じような動きを繰り返し練習するといった偏った運動経験は、子どもの運動発達にとって好ましいものではありません。さらに、積極的な「運動指導」では、「並ぶ」「準備体操をする」「説明を聞く」「順番を待つ」といった一斉指導の色合いが濃くなり、子どもの遊びとはかけ離れてしまいます。そこには、できる・できないがはっきりする種目、見栄えのいい種目が選択され、一方的な指導、小学校の体育を先取りしたような指導が行われている様子が浮かび上がってきます。幼児の運動能力に注目した一連の研究成果は、誰かにやらされるのではなく、自分で身体を動かすことがより効果的であることを示しています。一週間に一度やってくる外部派遣講師による運動指導ではなく、日常的に子どもと関わって、個々の子どもの育ちのことを理解している保育者による遊びを通した身体づくりの実践を改めて見直していくことが重要だと思います。

■「遊び込む」ことを通して身体が育つ

やたら高い所から飛び下りたがる、三歳児のこんな姿を見たことはありませんか？　三歳を過ぎると、さまざまな活動に対して「自分でする」という気持ちが高まり、腕自慢的な遊びに挑戦し始めます。例えば、階段の上り下りやとび石渡りなどの不安定な場所を移動したり、少し高い場所を見つけ、上ったり、飛び下りたりを繰り返すようになります。

こうした姿は、基本的な動きが一通りできるようになり、全身のバランスをとる能力を獲得していく準備が整ってきたことを示しています。飛び下り遊びについていえば、初めは足のクッションがうまく使えず、真下にドスンと落ちる感じがします。しかし、何度も繰り返すことによって着地時の衝撃を腰、膝、足首などの関節で和らげる「降下緩衝能」（注8）が身についていきます。自分の腰くらいの高さから飛び始め、次第に背の高さほどの台に上っては飛び下りることを繰り返し、「遊び込む」ことを通して動きが洗練され、空中でのボディコントロールや安全に着地することを身につけていくのです。このように、運動発達の過程では、何かの能力が伸びる時期には、興味を示して何度も繰り返す、やりたがるという特徴がみられます。この時期に、「危ない！」「ケガするからダメ！」とやりたい気持ちを制限すれば、せっかく芽生えてきた身体の育ちの芽を摘んでしまうことになります。安全に配慮した上で、子どもたちが満足するまで付き合っていくことがその時期に見合った育ちを確かなものとしていくために大事なことです。

飛び下り遊びで身につけた運動能力は、三歳児で「飛び下りることができるようになった」という結果を示すだけではありません。ここで身についた運動能力は、年中、年長児になって新たなことに挑戦する時に活きてきます。例えば、「うんてい遊び」を楽しむためには、バーを「つかむ」「ぶら下がる」「身体を振る」「渡る」動きが必要です。しかし、こうした動きを習得すれば、うんていを渡ることができるでしょうか？「うんてい遊び」に挑戦する時には、「うんてい遊び」に必要な動きだけではなく、バーから手が離れた際

（注8）勝部篤美：幼児体育の理論と実際、杏林書院、一一頁、一九七九。

に安全に着地する能力を身につけておかねばなりません。そうでないと、「アッ、失敗した。もう一回やってみよう！」という気になりません。先に示した動きが身についていれば、やりたくなった時に何度も繰り返し「遊び込む」ことが可能になるのです。

運動会で取り上げられることが多い跳び箱の「開脚跳び越し」や鉄棒の「逆上がり」でも、さまざまな遊びを通してこれらの技特有の運動感覚を身につけておくことが必要です。こうした感覚が身につかないまま、いきなり難しい技に挑戦すれば子どもの恐怖心につながり、体育ぎらいを生み出すことになってしまいます。跳び箱や鉄棒などの器械遊具を使った運動では、日常生活では経験できない複雑な姿勢の変化やそれに伴う特有の運動感覚が要求されます。そこで、例えば、クマさん、ウマさんになって動物歩き（高這い）で遊ぶことを通して、①両腕でしっかりと自分の体重を支えながら移動する感覚、②手足を同時に動かす協応動作、さらに、③頭をお尻より下にする逆さ感覚を身につけることが可能になります。多くの園で実施されている「さくら・さくらんぼのリズムあそび」（注9）も身体づくりという観点だけでなく、基礎的な運動感覚を習得するための運動遊びとして個々の運動を捉え直してみてもいいように思います。特に、三歳未満児段階でハイハイを十分に経験していない子どもにとっては、三歳以上の段階で動物歩きなどの遊びを通して学び直しの機会をもつ意味は大きいといえます。

「開脚跳び越し」や「逆上がり」といったおとながご馳走だと思っている技を無理やり「食べろ」と言っても子どもはすんなり食べてくれません。栄養価の高い運動感覚を目の前の

（注9）七七頁の脚注（注2）を参照。

子どもが食べやすいように料理してあげることが大切です。これからやろうとする遊び・運動に必要な基礎的な技能や感覚を身につけ、「やってみようかな」「できそうだな」という見通しをもたせてあげることが必要です。跳び箱＝開脚跳び越し、鉄棒＝逆上がり、マット＝前転、ボール＝ドッジボールといった固定的な見方ではなく、自由で柔軟な発想から子どもの遊びを捉え直していくことも必要でしょう。

2　子どもの身体づくりを支えるために

■行きつ戻りつしながら、前に進む

飛び下りることに自信をもった三歳児は、次第に両手を広げながら遠くに高く飛び下りることに挑戦します。あたかも、〇〇ライダー、△△レンジャーになったつもりで楽しんでいるかのようです。そして、傍らで見守っている先生やお母さん、お父さんに、「見てて！見てて！」と言いながら得意げに遊びます。大好きな人たちに自分がどのように思われているかということがこの時期の子どもにとって大きな関心事です。そして、今、自分がやっていること自体を見てもらい「かっこいい！」「あっ、おしかったね」などと言って共感し認めてくれることを期待しています。自分のすべてをありのままに受け止めて接してほしいという気持ちが、飛び下り遊びを何度も繰り返す原動力になっているのです。「見てて」に対する「今はちょっと忙しいから後でね」という何気ない言葉が、子どもたちの「身

体を動かそうとする意欲」を萎《な》えさせてしまうことを自戒したいものです。

四歳以降の子どもたちは一番、二番といった順位を示す数がわかってくることもあり、競争意識が高まります。勝ち負けだけでなく、客観的に自分を見て、上手・下手、できる・できないという二分的評価を行い、友だちなどの他者との比較によって自分を評価する力が芽生えます。つまり、ぼくは「上手か―下手か」、私は「できているのか―できていないのか」ということを意識し出すのです。この時期は、多くの基本的な動きを習得し、縄跳び、鉄棒、跳び箱、ジャングルジム、竹馬などの遊具を使ったダイナミックな身体の動きを楽しめる子どももあらわれます。しかし、多くの場合、こうした遊びに対して「上手な・できる自分でありたい」（理想の自分）という欲求・願望が強くなる一方で、もしかしたら「下手・できないかもしれない」（現実の自分）という不安や葛藤との間で揺れ動きながら前に進んでいこうとします。したがって、積極的にチャレンジする時もあれば、尻込みしたり戸惑ったりする日もあります。子どもたちはさまざまな力を直線的に獲得していくのではありません。一見、後退しているように見える時、それは一度下がって次の段階に上がるためのエネルギーをためこんでいるのかもしれません。このように二つの自分の間を行きつ戻りつしながら前に進んでいくことが幼児期の発達の特徴だといえます。この際、理想と違う自分を友だちにさらけ出し、上手くいったことも失敗したことも含めて周りから認められ、守られているということを感じられるような仲間関係が必要でしょう。そのためには、友だちの心（葛藤）を推察して共感し、認め合うような関係をつくりだすことが保育者に求められます。

■「やってみたい！」「なってみたい！」の気持ちを大切に

「五段の跳び箱が跳べた」「逆上がりができた」ということは、当事者の子どもにとっても、励ましながら関わってきた保育者にとっても嬉しいことです。しかし、「○歳○か月で、△△ができた」という瞬間の事実が発達なのではなく、年長児の姿を見て、「やってみたい、挑戦してみたい」と憧れを持つこともその子の発達過程の一つとして捉えていくことが重要です。そうした気持ちの芽生えを私たちおとなが大切にして、子どもに寄り添いながら、励ましたり、導いたりしながら「あんなことができるようになりたい」「あんなお兄ちゃん、お姉ちゃんになりたい」という思いを叶える手助けをする、それが子どもの発達に関わる保育者の役割だといえます。

また、できないこと、苦手なことでも頑張って、工夫して取り組むような経験が子どもにとっては大きな意味をもちます。しかし、おもしろくて楽しそうだけれど、どうしたらいいかわからないというのでは子どもは嫌になってしまいます。そこでは、保育者が必要に応じて手を貸しながら少しずつ自信をつけられるようにしたり、得意な子どもがコツを教えたり、励ますような環境をつくることが大切です。「やれそうだ」という見通しが与えられ納得さえすれば、もともとあった「やりたい」「上手になりたい」という気持ちにくわえ、そのためにはどうしたらいいかも考えるようになり、目標を立てて練習を重ねていくようになります。このような認識に支えられて、自分の変化の見通しを確かなものにすることは、「今は上手くいかなくても、工夫や努力をすれば何とかなる」という自分への信頼感を高めていくことになります。

■五感を使った実体験を子どもたちに！

「這えば立て　立てば歩めの親心」を持ち出すまでもなく、私たちおとなは、子どもが一つひとつできることが増えると、「次は…」とその先を急いでしまいがちです。「三間《ま》の喪失」「ス漬けの生活」が進行する中で、身体を思いっきり動かして遊ぶ体験をさせたいと思っている保育者は少なくないでしょう。しかし、「何でも早い方がいい」「小学校での学習になるべく早く適応するために」という価値観が優先し、おとなの思い通りになる「いい子」を求める風潮が強まっています。思いっきり遊び込むことよりも園でのさまざまな習い事や行事の充実を要望する保護者の声が強いことも事実です。小学校の説明会で配られるパンフレットには、「座って、人の話を聞けますか?」「名前がひらがなで書けますか?」「思ったことが言えますか?」などの言葉が並んでいます。しかし、小学校の教室での学習や学習に必要な学習規律の形成は、幼児期の身体と心を精一杯使って遊び込む中で育てられた知的好奇心や集団的な遊びや活動でのルールづくりなど、子どもの力を土台として行われる必要があります。ベネッセ教育総合研究所の調査（注10）によれば、「遊び込む経験」（協同的な活動、自由に遊べる環境など）が多い子どもの方が「学びに向か

（注10）ベネッセ教育総合研究所：園での経験と幼児の成長に関する調査、一一―一二頁、二〇一六。

う力」（協調性、好奇心、自己主張など）が高いことが示唆されています。

家庭での暮らしや幼稚園・保育園での生活の中で、子どもたちを「いい子」にしようと思うあまり、「汚しちゃダメ！」「危ない！」「うるさい！」「早く！」「下手ねえ…」と「禁止」や「抑制」を強いてしまいがちです。「抑制」を強いるのではなく、身体感覚を伴って五感をフルに使う遊びをじっくり、たっぷり積み重ねていくことが重要です。大切なのは、その時点で子どもたちが経験していること、感じ取っていることに共感しながら励ましてあげることだと思います。そして、子どもの身体と心の育ちを確かなものとするためには、保育者だけでなく、保護者、地域の人たちと手を結んで遊び文化を継承し、遊び環境を豊かにしていくために知恵を出し合うことが求められているといえましょう。

鐘ヶ江　淳一

「わが園で人気の運動遊び」

佐賀・保育園ひなた村自然塾

●つるつるお山

わが園で、一歳児から年長児まで、幅広い年齢に人気の運動遊びの一つが、その名も「つるつるお山」。ロープや手足を使って山を上ったり、すべり台のようにすべって下りたりするだけでなく、穴の部分から中に入ったり、内外両側から覗いたり、手を出したりすることができます。ルールとしては、ロープは上る人に譲ることや、てっぺんで押し合いをしたり、上っている人を下から引っぱったりしないことなどがあります。

一歳児も興味をもち、なかなか上れなくても何度もチャレンジする姿があります。すると次第に、手足が斜面にくっつくような感覚や、重心を上に上げる感覚が身につき、夏頃にはロープ無しで上り下りできる子どもや、上れた子どもが上れない子

どもを上から引き上げる姿も見られます。

　また、つるつるお山の中では歌を歌う子どもが多く、普段恥ずかしがり屋な子でも、大きな声を出したりダイナミックに踊ったりすることができています。

●プールでの水遊び

長崎・わかくさ園保育所

　園庭には湧き水の豊かな島原の地下水を利用した直径四メートルの浅いプールと四メートル×一〇メートル×八五センチの大きなプールがあります。また、子どもたちが自由に使える水道栓は四か所あり、つかまり立ちできるようになると自分で這って行き、栓をひねって水を出し、水遊びをしながら、その感触を楽しめるようにしています。
　六月はじめ、「田植えの日」と同時に「プール開き」を行います。大きいプールは三時間半くらいで満水になるので、水位の低いうちに一、二歳児の子どもたちから順に入っていきます。一歳児は、ジョロやペットボトルを使ってシャワー遊びをしたり、「口《くち》ピアノ」で「とんぼのめがね」「おうま」を歌うと喜んで水中でのリズム遊びやワ二泳ぎを楽しみます。水道ではビショビショになって遊んでいても、プールに連れて行くと広さや囲まれた空間に慣れず、また水の冷たさから泣く子もいます。しかし、保育者と手をつないだり、抱っこされると少しずつ水への抵抗がなくなっていきます。二歳児は、大きなビート板を使った遊びや保育者の足でつくったトンネルくぐりなど遊びの幅が広がっていきます。なかには足からプールに飛び込む子も出てきます。

三歳になるとプールでの遊びが大胆になり、「見とって!」が増えてきます。リズムの「花火」などで遊ぶことを通して、顔に水がかかるのを怖がらなくなっていきます。さらに、顔をつけられるようになり、頭から飛び込む子も出てきます。四歳児は、水遊びはさらに大胆になり、飛び込みから泳げる子が出てきます。この時期は五歳児とプールに入ることが多く、刺激をたくさん受けているようです。五歳児は、午前は水位の低いプールで遊び、午睡後には満水になったプールで潜る時間を競い合ったりして遊びます。そして、九月のプール納めで全クラスの子どもたちが見ている前で泳いだり、お迎えの時、保護者に見てもらったりして五年間の水遊びの成果をお披露目しています。

第3章 乳幼児期の身体の発達を支える保育実践

1　乳児保育における身体づくり

■実践「〇歳児期のハイハイ運動をたっぷりと―上肢支えを大切に―」

■江田　佳子／福岡・こばと保育園

【声を立てて笑えるように】

〇歳児クラス（六か月～一三か月）「つくし組」は一三名の子どもたちと職員五名（正規二名、非常勤三名）で過ごしています。早朝から夕方までの長時間保育の子が多いクラスのため、家庭と連携し、二四時間の生活リズムづくりを大切に保育を行っています。食べる時間、眠る時間を月齢に合わせて整え、歩行が確立するまでを目安に、午前睡を保障する生活リズムを家庭と連携してつくっていくことを大切にしています。また、離乳食を進めるために給食室とも連携し、一人ひとりの体重増をバロメーターに、栄養面も併せ「食べたい！」意欲を育てていくようにしました。

運動面においては、自ら動けるよう、子どもの動きに合わせて段差や斜面（室内・戸外）での遊びを工夫しています。また、マッサージ・赤ちゃん体操を一人ひとりの状態を見ながら、目と目を合わせて気持ちを通わせ行うことを大切に取り組んでいます。生活面では、パンツで過ごすことで動きやすくし、尿が出た時すぐに着替えることで快・不快を感じ分けられるようにしました。さらに水・砂という変化する素材に触れ、それを求めて意欲的

（注1）四二頁の脚注（注10）を参照。

（注2）上肢とは肩から指の先までのことをいい、腹這いや四つ這いの際に腕で身体を支えることを「上肢の支持」という。

（注3）家守百合子ほか：別冊発達、子どもの姿勢運動発達、ミネルヴァ書房、一九八五。

（注4）伏臥位とは腹を床につけて寝ている状態。うつぶせ。

に遊べる環境を工夫したり、あやし遊び、じゃれあい遊び、わらべうた遊びなどの遊びを通して、声を立てて笑えるように働きかけています。

【気になる〇歳児の姿】

子どもたちの様子を見ていると、寝返りが早く、仰向けでの遊びが少ない、寝返りも一方向が多い、腹這いをほとんどしていないなど、運動の順序性を十分にたどっていないと思われる子が多くいました。ハイハイでは、重心が後ろにかかっている子が多く、背中もくぼんでいて、そのせいか、お座りもトンビ座り（注1）をしています。四つ這いでは、上肢の支えが必要なので長く続かず、すぐにトンビ座りするか、つかまり立ちできるところを見つけては伝い歩きをしようとする姿が見られます。四つ這いでの手の開きに注目すると、指が伸びている子はほとんどいない状況でした。

手や腕で身体を支えて遊べるように、子どもたちの身体や生育歴を見て、担任間（非常勤の職員も含め）で、どのような手立てをとっていくかについて、学習をしながら話し合いました。学習で用いた文献には、トンビ座りをする子は、腰の発達が悪く、四つ這いの時に骨盤が落ち込んで膝が開きすぎになっていることが多く、上肢（注2）の支持機能の不十分さのためであるとの指摘（注3）がありました。

そこで、乳児期前半に伏臥位（注4）で肘で支えて遊べるようにすることや、寝返りの時、片肘支持ができることなど、改めて肩や肘の支持性を良くし、しっかり指を開いて使えるような手（注5）にしていくことで、ハイハイに見られる身体のゆがみや体幹の弱さ

（注5）手指をしっかりと開かず身体を支えていると、その後のハイハイの時期になっても、手のひら全体を使わず、指や手のひらの一部で身体を支えていることが多く見られる。また、うつぶせで長時間、頭を高い位置で保持できず、頭を下げ、じっとする消極的姿勢が長くなり、物に手を伸ばしたり、物を掴んだりする活動量が少なくなってしまうなど、その後の手の発達に良い影響を与えないといわれている。

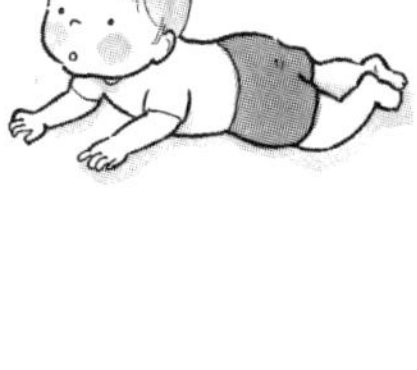

も変わっていくのではないかと考え、実践することにしました。

【語りかけ、歌いかけて動きを誘う】

朝と午睡明けに、おとなの膝やマットの上で、名前を呼んで語りかけたりしながら赤ちゃんマッサージを行ったり、ゆさぶり（背骨をくねらす）遊びや、左右差（注6）がひどい子は寝返りの運動を日課に取り入れました。そして、パラシュート反射（注7）の運動や、手を開かせ腕をつっぱる運動（倒す高さも月齢や動きを見ながら変えていく）を毎日行いました。上肢支持が弱い子は回数を多くし、腕支えで維持させる運動（注8）に取り組みます。運動を行う際には歌に合わせて活動していたので、歌を歌うと周りにいる子たちも床に両手をついて一緒に身体を動かすようになりました。

また、○歳児室の隣が階段で、それが部屋の一部にもなっているので、毎日、階段の上り下りを遊びながら行います。上りでは四肢の交互性（注9）を、下りでは腕で支えることを大事にして働きかけていくうちに、足からではなく手から先に下りるようになりました。散歩先のなだらかな芝生の斜面（子どもの発達に応じて違った勾配の場所にする）を、おもちゃを追いかけて、下っては上ることを繰り返し行い、保育者とのやりとりを通して誘っていく中で、動く量も増えていきました。

【「自分も！」と動き出す子に】

○歳児期のハイハイの様子を丁寧に観察し、発達の順序性を文献などで学び、子どもたちの姿から上肢支持の力をつけていく大切さを確認し取り組んでいく中で、保育者が子ど

（注6）肩の高さや足の長さなどに左右で違いが生じたり、寝返りを一方方向にのみ行うなどの様子が見られる。身体の左右差があると、身体にゆがみが生じたり、運動時にバランスが悪くなるなどの支障をきたす。

（注7）パラシュート反射とは両脇を支えた状態で水平に保ち、急に頭を下げると手を広げて身体を支えようとする姿勢反射の一つ。

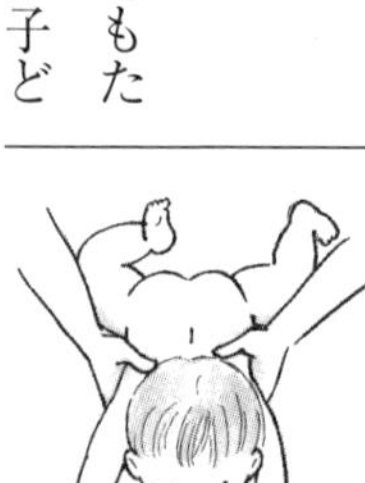

も一人ひとりを意識して見るようになりました。また、リズムや遊びの中で、動きたがらない子、手の開きが悪い子などには、おとながモデルとなるよう、やって見せて自らやれるように誘ったり、おとなが介助してやれるようにしていくなど、意図的な援助を行いました。

子どもたちの姿には気になる点が多く見られますが、上肢支持がしっかりしてくると体幹も育っていき、斜面におとなや友だちが上ると、自分も！　と動き出したり、転んでも手が出るようになるなど、日々の取り組みの大切さを感じることができました。

赤ちゃん体操やマッサージも、訓練的にやったり、ただこなすようにやるのではなく、主体的に参加することや、発達に応じて変化させるなど、担任間で話し合って行うように心がけてきました。

〇歳児期は月齢によって動きや遊びの要求も違うので、生活や活動も分けて行いました。そうすることで、一人ひとりが好きな遊びを見つけ楽しめるようになるなど、安心できる生活環境をつくることができました。信頼できるおとなと遊ぶ中で、自らやってみたい！　という意欲を育てていきたいと思います。

（注8）手押し車。

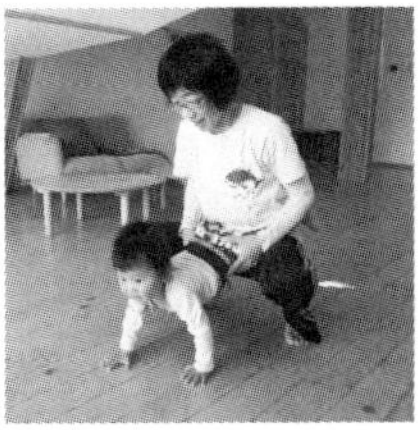

（注9）ハイハイや歩行時、右足が前に出ると左手が前に出て、左足が前に出ると右手が前に出るといったように、交互に動かして身体のバランスをとりながら手足を動かすこと。

■実践の分析と意味づけ

■古林　ゆり

【運動発達の土台となる乳児期の身体づくり】

子どもの運動発達は、左右の寝返りや腹這い、四つ這い、つかまり立ちや伝い歩きなど乳幼児期における基本的な動きのレパートリーを増やしていくことに始まり、幼児期になるとぎこちない動きや力みが消え、スムーズかつ、目的に合った動きがとれるようになっていきます。しかし近年、運動発達の順序性を十分にたどっておらず、運動面で気になる姿が見られるなど、子どもの発達を危惧する報告が各園から聞かれるようになってきました。江田実践でも「寝返りの方向が一方向に限られている」「仰向けでの遊びや動きを経験していない」といった子どもの姿が報告されています。特に保育者が注目したのは「トンビ座り」（注10）です。担任の保育者たちは、文献を手に学習を行っていくなかで、「トンビ座り」の原因の一つに上肢の支えの不十分さがあるということにたどり着きます。そこで、上肢支持の力をつけることで身体のゆがみや弱さを乗り越えていけるのではないかという仮説を立てて取り組んでいます。乳児期前半にはうつぶせにして肘で支える姿勢で遊びを行ったり、階段や散歩先のなだらかな斜面など、環境設定の工夫をしています。その際大切なことは楽しい遊びとして行うことです。上肢を支持する力がついてくると、上体を起こすことができ視野が広がります。その時、少し離れたところに大好きな保育者や魅力的な環境、楽しい活動があれば、そこへ行きたいという要求が引き出され、主体的に

（注10）トンビ座りとは、「割座」のことで、足を横に開いてペタンとお尻を床に着く座り方。この状態の時、股関節は内側にねじっている動き（内旋）になる。そのため、あぐらをかくように股関節を開く動作（外旋）をする際に可動域に制限がかかることになる。

身体を動かすことへつながります。遊びとして行うとはこういうことです。

保育者の気づきを出発点に、発達のみちすじをふまえて子どもを捉え、科学的な仮説を立てて、保育の手立てを導き出していくことが大切ではないでしょうか。

【動きたい意欲が動く身体を育てる】

乳児期に獲得する寝返りや腹這い・四つ這いなどの運動発達は、自らの意思で移動できるということ自体が喜びであり「動きたい」という意欲の源泉となります。そして、身体を動かすことを通して、大好きな人と交流し、外界を探索し、物や人と関わりながら世界を広げていきます。また、実践の中では、おとなや友だちが斜面を上る姿を見て「自分も！」と動き出す子どもの姿が紹介されています。「やってみたい」という意欲がさらに身体を動かすことにつながっているのです。マッサージや赤ちゃん体操といった身体づくりへの直接的な手立てと同時に、意欲を引き出す保育者の関わりが、動く身体を育てる手立てとなります。

【乳児クラスではおとな同士の連携が要《かなめ》】

乳児期の保育を行う際、おとな集団（保育者・保護者）による連携が不可欠です。特に担任間の連携はなくてはならないものです。実践の中でも担任間で集団的に学習が行われ、日々の子どもの様子を伝えあう保育者の姿が見られます。気になる姿もそうですが、嬉しい子どもの姿こそ担任間で共有し、互いが意見を出し合って保育をつくっていくことを通して、おとな集団の連携が細やかになされ、子どもの身体的な発達を育むことにつながっていくのです。
乳幼児期の身体づくりへの取り組みは、連携の取れたおとなの見守りの中で安心して生活をしながら、子どもの「やりたい」「楽しい」を引き出し、笑顔あふれる生活（遊び・活動）づくりを行うことが重要なのだと思います。

2　ワクワク　ドキドキ　遊びを通した保育実践

■実践「ワクワク、ドキドキが子どもを育てる」

■坂本　慎也・池田　慎治／熊本・河内からたち保育園

【歩く経験】

河内からたち保育園では戸外での身体を使った遊びを大切にしています。なかでも、巧技台やみかんのコンテナを組み合わせて作るサーキット遊び、大型のすべり台は子どもたちの大のお気に入りで、平均台、斜面上り、はしご渡り、コンテナからジャンプなど遊び方はさまざま、保育者も毎回コースを作るのを楽しんでいます。「少し難しそうだなー」と思えるくらいが逆に「やってみたい！」子どもたちのチャレンジ精神をかき立てるようです。

歩行が盛んになってきた乳児クラスの子どもたちは、園の周囲を保育者と数人の子どもで草花を眺めたり、虫を見つけたり、少人数の散歩に出かけます。一歳児Aくん（一歳一か月）は散歩をとても楽しんでいたものの、すごく短い距離でも少し歩くと疲れた様子で「ダッコ」と保育者に求めてくることが多く、自分の足で歩く楽しさを感じる経験を積んでほしいなと感じていました。園庭で大好きなテントウ虫を見つけると、「ア！　ア！」と指さし、保育者に大興奮で伝えてくれます。そこで、「テントウ虫を探しに行こう！」と保育者が提案すると、足取りもグッと軽くなるようでした。

【ワクワクする散歩】

わが園の周囲は、幸いなことに車もほとんど通らないので、小さい子どもたちでも、あまり行動を制限することなく安全に、自分の思うように探索活動を楽しむことができます。みかん畑の仕切りになっている石垣のでこぼこ道を歩いたり、近所のお家の駐車場の階段を上り下りしたり、砂利が積んであるゆるやかな築山を上ったり、小高いブロック塀の細い道を渡ったり、歩き始めた子どもたちは道の中に隠れている小さなアトラクションを、自分で見つけて、自然に高度なことに挑戦していきます。Aくんのお気に入りの散歩コースは、園から五〇メートルほど離れた畑までの道。畑にはAくんの好きな虫がたくさんいるので「畑に行こうよ！」と誘うと大喜びで散歩がスタートします。わずかな距離でもダンゴ虫を見つけたり、アリを眺めたり。まずは、短い距離を繰り返し歩くことから楽しんでいきました。

子どもたちは散歩の中でさまざまな場所を歩きます。保育者も大きな事故につながらないように注意はしますが、子どもの意欲を大切にして、できる限り見守ります。「この子は今これくらいの力がある」と一人ひとりの状態を普段の遊びの様子からしっかり把握しておくこともちろん大切です。小さな怪我を経験することで、子どもたちは怪我を防ぐ方法を自然と学び、それが大きな事故を防ぐことにつながっているように感じます。転ぶ時に最初は手が出なかった子も、このような体験の中で、いつしかしっかり手が出るようになったり、よろめいた時にも全身で上手くバランスをとろうとするようになります。一、二歳の時期に危険を防ぐ方法をある程度身につけることで、その後の身体を使った遊びの幅も広がっていくのではないでしょうか。訓練としてではなく、遊びの中で自らの意欲のもとに積み重ねていく経験が大切だと思います。

【ドキドキから学ぶ子どもたち】

わが園には、羽根木プレイパーク（注11）のウェンディハウスの考え方を取り入れた、木の大型すべり台（注12）があります。毎日ここでいろんな遊びが繰り広げられていますが、大きな危険につながる事故は起きていません。唯一の怪我としては、肘の骨折が一件ありました。前日に雪が降って遊具がすべるにもかかわらず、隣の遊具から移ろうとしてすべって落下してしまいました。それ以外は軽傷の子がたまにいる程度です。骨折者が出た時は、今まで「怪我なんてしないよ」と言っていた子たちも、「危ないね」と少し気が引き締まったようでした。それでも子どもたちは遊ばなくなるわけではなく、いつものように遊びます。今までできなかった子が上れるようになって、達成感もあるのだと思いま

（注11）「自分の責任で自由に遊ぶ」をモットーに一九七九年に東京・世田谷の羽根木公園内に日本初のプレイパークとして開園した。「冒険遊び場」とも呼ばれ、普通の公園では禁止されている木登り、穴掘り、焚き火など、子どもの大好きな遊びを常駐のプレイワーカーや地域のボランティア世話人に見守られながら体験することができる。

（注12）グラビアページ参照

す。そんな子どもたちが、「楽しい」と思える遊び、それが一番大切だと思うし、その中で、自分自身で気をつけながら遊ぶことで、子どもは「自己防衛」「危険回避」の力を身につけていくのだと思います。物理的に柵がないことで心に柵が生まれるのではないか、自分で気をつけるようになるのではないか、柵がないことでのスリルや、上れるようになったことでの楽しさがあるのではないかと思います。

危険には、「リスク」と「ハザード」の二種類があるといわれています。子どもが「あらかじめ感じ取ることができない、取り去らなければならない危険（ハザード）」と、遊びをおもしろくするもの、ある程度残しておきたいもの、「ある程度予測のできるもの、感じ取ることのできる危険（リスク）」です。例えば、釘が飛び出していたり、支柱が腐っていたりという、子どもが自分で気づくことが難しいハザードは、遊具点検などをこまめに行い修理するようにしています。万が一子どもが落下した時のために、高所の周りにはタイヤをたくさん敷き詰めてクッションになるようにもしています。危険な中でも、子どもたちはそこで、大きな力を身につけようとしているのです。

【子どもの身体づくりとは？】

子どもの身体づくりとは、を考える時、どの年齢の子にも共通することとして「子どもたちが夢中になって楽しむ」ということが大切だと思います。子どもたちは興味関心がみんな一緒に出てくるわけではありません。保育者が、一人ひとりの姿をしっかりと捉え、今、その子が「どんな力をつけようとしているのか？」「その力をつけるために、どんな配慮が必要か?」を考えることが大切です。いつも、そういう環境にあると、「やってみよう」と思う機会も増えるのではないかと思います。○、一歳児では、興味関心が同じ子ども同士で、少人数で散歩に出かけたりすることにより、関わりの深まりや、共感につながっているように思います。すべり台遊びでも、単にすべったり、上ったりして遊ぶということだけでなく、子どもたちが「ここで鬼ごっこをしたら!」などと新しい遊び方を考えることでどんどん遊びが広がっていきます。ワクワク、ドキドキの中で育まれる経験がさまざまな力になっていくのではないかと思います。

■実践の分析と意味づけ

■鐘ヶ江　淳一

【保育に込められた思い】

子どもの遊び・生活や育児環境の変化に伴い「段差の前で戸惑う」「高い所が怖い」「転んだ時に手が出ない、支えられない」などの自分の身体の操作に関わって「気になる子どもが増えた」という保育者の指摘が多くなっています。さらに、かつては就学前の遊び・生活の中で培われていた身体運動感覚(腕支持・体重移動の感覚、逆さ感覚など)が欠落したまま入学してくる小学生が増えていることが体育の授業を進めていく上での小学校教師の悩みの一つになっています。

河内からたち保育園の園庭には、先に紹介された「大型すべり台」にくわえ、園長手作りの高さ三メートルの竹登り棒や高さ一・五メートルの板登りなど、「うわっ、幼児には危ないいんじゃないの？」と思われるような遊具が設置されています。この園でこうした遊具を使った実践に取り組むようになったきっかけは、「テレビやゲームに遊びを奪われている」子どもの育ちの実態やかつての遊びを「危険だ」と子どもから遠ざけているおとなの関わり方に対する危機感にあります。こうした遊具での遊びにドキドキしながら熱中し、ヒヤッとしながら「危険」を自分で感じ、危険回避ができるようになることが、今の時代を生きる子どもたちに必要だという思いが込められています。

【ワクワク　ドキドキ　楽しいな】

河内からたち保育園の実践は、小学校入学の準備としての身体づくりというだけではありません。「ワクワク　ドキドキ」をキーワードとした〇、一歳児段階からの実践の積み重ねにも特徴があります。〇、一歳児の子どもたちは、恵まれた自然環境の中でいろいろな虫との出会いなどの探索活動に「ワクワク」しながら、散歩を楽しんでいます。長い距離を歩くことに慣れてきた子どもたちは、でこぼこ道、築山登り、ブロック塀渡りといった「ドキドキ」感を伴う活動に挑戦していくようになります。さらに、狭い道、急斜面といった「山道」が、子どもたちの「ワクワク」感を高揚させるだけでなく、楽しみながらも安全に配慮、注意（＝ドキドキ）しながら歩くことができるようになるための重要な環境となっていると保育者は考えています。こうした「小さなアトラクション」で「ワクワクドキドキ」を感じながら十分に遊び込むことが、大型すべり台をはじめとする縦割りクラスを対象とした園庭環境での遊びや子どもの育ちの土台となっています。高価な既製品の遊具を揃えて遊びの環境を整備する必要はなく、身近な環境を活かしながら「小さなアトラクション」を創り出すことが保育者の役割だといえそうです。

【ちょっと危ないからおもしろい】

「ワクワク　ドキドキ」感をもたらす遊びで、子どもたちは、いつも成功するとは限らず、時には失敗することもあります。遊びの価値とは関係のないところで生じる危険性（ハザード）については、保育者の責務として未然に防ぐことが必要だと強調されています。その上で、子どもたちが、失敗の経験から、次は失敗しない、怪我をしないように工夫することを学ぶ場であると保育者は考えています。

かつては、遊び・生活の中で自然に育まれてきた自分の身体を思い通りに動かす力を意図的・計画的な保育活動の中で保障するという観点が、今後はますます求められるように思います。その際、こうした子どもの発達や遊びに込めた思いを職場の保育者集団で合意するだけでなく、保護者にもそうした遊び・体験の意義を伝えながら連携・協力を図っていくことも必要です。

3　一人ひとりに寄り添った保育実践

■実践「Kくんを通して見えてきたこと」

■山口　香奈／熊本・ひまわり保育園

【クラスの様子】

五歳児一九名でのスタート。男女ともに元気がよく好奇心旺盛で、散歩では虫探しや近くの溝で水遊び、園庭ではドッジボールや鬼ごっこなどの集団遊びが大好きな子どもたちです。その一方で自己主張の強い子やこだわりのある子、上手く気持ちを伝えられずにいる子もいて、一人ひとりに寄り添う余裕もなく声を荒立たせることもあります。

【Kくんの現状】

Kくんは外遊び（特に走ることや鬼ごっこ）が大好きで、虫や植物にも詳しかったり、折り紙や絵を描くのも得意です。特に絵は興味関心のあるものを細かく描き、Kくんの周りには友だちが集まってきます。他方、一人で遊びたいのに友だちの誘いを断れずトラブルになることもあります。会話を弾ませたり、じゃれて遊ぶことは苦手のようです。おとなびた言葉を使いますが、相手の気持ちを理解することが難しく、嫌がっているのに執拗にその行為をやめなかったり、歌ったり踊ったりや嬉しさ・悔しさなどの表現は乏しくどこかおどおどしている様子が見られます。

【午睡ができない】

Ｋくんはほとんど午睡ができませんでした。毎日たっぷりと身体を動かし遊びや散歩など十分に取り組んでいたのですが、やはり午睡ができずにいました。どうにか午睡ができるよう足の裏をマッサージして刺激を与えたり、午後からの遊びに期待を持たせ、それには休息も大切だということを伝えたり、好きな物語のＣＤをかけたりしてみましたが寝つけずにいました。母親にも朝早めに起こすなどの協力をお願いしましたが、家庭ではかんしゃくを起こしたり暴言や攻撃性も見られ、母親自身、子育てに困難を抱えているようで、Ｋくんのしたいままにさせているようでした。

母親より「午睡が嫌で登園の支度がなかなかできません。その時間折り紙とか絵を描いて過ごすことはできないでしょうか？」と相談がありました。また、午睡中に布団の中でゴロゴロするのも苦痛だったとのことでした。その時は、「はい、わかりました」としか言えませんでしたが、心の中では「他の子は午睡するのにＫくんだけは遊んでもいいよってどう伝えればいいの？　これってわがままじゃないの？」と思っていました。しかし、Ｋくんからも「目を閉じると暗くなって怖い」と午睡をしたくない理由を話してくれました。私自身初めてのケースだったので、療育センターの支援員に相談し、眠れない障がいがあることを知り、クラスの子どもたちに「みんなはいっぱい遊ぶけんいつの間にか疲れて眠ってしまうよね。でもＫくんはみんなと同じようにお昼寝したいけど目をつむると怖くなって眠れないって」とそのまま伝えました。午睡ができない理由を理解しながら、みんなで寄り添っていくことにしました。

【昼寝の約束】

①時計にシールを貼り見通しをつけて、その時間までは布団でゴロゴロします(一五分)。

②したい遊びを二つ決めて静かに遊びます。

以前相談した支援員のアドバイスをもとにしつつ、Kくんの特性をふまえると同時に、Kくんにも我慢の経験をと思いこの二点を伝え約束しました。「先生、今日はどこまで?」と時計を何度も確認し、主に得意な折り紙や絵を描いて過ごしました。そのうち「先生、これ何でしょ?」と描いた絵を見せてくれたり、「ここ難しいから教えて」と折り紙の本を持ってきたり、一対一でのやりとりが増えていきました。また、クラスの子どもたちとのやりとりも出てきて、午睡に入る前に「Kくん、これとこれ描いとって」と絵の得意なKくんと約束する姿が見られ、Kくんも絵を認めてもらう嬉しさがあり張り切って何枚も描いていました。少しずつ、自分の気持ちを伝えられるようになってきた反面、キャラクターや戦隊ものの絵本を園に持ってきたいという要求も多くなり、どこまで受け止めていいものかと葛藤することもありました。

【先生見とって!　ここまで乗れた】

年長児は、毎年運動会で竹馬、跳び箱、板越えの技を披露します。しかし、この取り組みはKくんにとってかなりのプレッシャーとなったようで、原因不明の首の痛みを訴え二週間、園を休みました。Kくんの母親とも話し合い、Kくんに負担のかからないようやりたいと思う種目だけに取り組むことにしました。

午睡中、Kくんとのやりとりで竹馬をしたくない理由の一つとして、落ちる時の恐怖感があることを知りました。そこで室内でもできるように二〇センチ程の高さの竹馬を用意しました。他の子どもたちも積極的に練習する姿が見られる中、「Kくんもお部屋でしてみる?」と誘ってみました。そんなある日、「先生、Kもしてみる。けど竹馬握っとって」と自ら練習を始めました。そこで、床にテープを貼り準備体勢をとらせ、ロッカーを背もたれにし、お尻をポンと離す練習や上手に落ちる練習をしていきました。緊張で身体が硬かったKくんでしたが少しずつ和らいでいくのが補助をしていて感じられました。一緒に練習していた仲間からも「顔上げた方がいいよ」「脇をぐっとしめて」などのアドバイスもあり、Kくんにも「乗りたい」という気持ちが次第に強くなり、自由時間も練習する姿が見られました。距離が伸びると喜び、転んでもチャレンジする姿も見られたので、カラーテープを間隔をあけて貼り、目印をつけました。すると向上心も高まり、「先生、ここまで乗れた」と喜び、「お母さんに見てもらおうね」と誉めるとさらに練習に励み、他の種目にも取り組むようになっていきました。

【先生、もっと高いのに乗りたい】

運動会総練習で竹馬をみんなの前で披露したKくんがこう言いました。「先生、もっと高い竹馬に乗りたい!」自分よりも高い竹馬に挑戦する仲間の姿を見て意識し始めたように感じました。運動会では五〇センチ程の高さの竹馬を真剣な表情で乗り、見事に達成したKくんの姿はとても輝いていました。運動会を終え午睡もなくなり、生き生きとした表情で登園し「先生、今日は何すると?」「散歩行こう!」と言うKくん。お迎えが来ても帰らず、夕方のドッジボールや鬼ごっこを仲間と楽しんでいます。また、仲間とのトラブルが生じることもあるくらい積極性とたくましさも見られるようになりました。その姿をKくんの母親に伝えることが楽しみとなり、Kくんを通して保育者と保護者の信頼関係の大切さも改めて感じました。

Kくんに寄り添いながら、一人ひとりの個性を受け止め、「やればできる」ということを仲間たちと共有し合える集団の中で、Kくん自身も大きく成長していきました。

■実践の分析と意味づけ

■坂本　慎也

【みんなと同じでなくていいの?　~葛藤のはじまり~】

Kくんの生活の様子や家庭の状況を配慮して、身体づくりに必要な生活の流れをつくっていこうと、Kくんの現状に寄り添った保育を展開したことが実践記録を通じて伝わってきます。まだ基礎体力が十分でない幼児にとって、日中思う存分身体を動かした後、適切な休息や午睡をとるという生活リズムが重要なことはいうまでもありません。とはいえ、午睡が苦手な子というのは多いのが現実です。Kくんもそうでした。

「みんなと同じように午睡をしてほしい」という保育者の願いがある中で「そうはいかない」と突きつけてくるKくんの姿。そのはざ間で「Kくんだけ午睡しなくっていいって、わがままじゃない?」「これって特別扱いじゃない?」という葛藤が生じます。保育者は「特別扱い」はよくない、「みんなと同じでなくていいの?」と悩むことがしばしばあるのではないでしょうか。悩み葛藤をくぐることで保育者は成長するといわれます。さて、保育者はこのことにどう向き合っていったのでしょうか?

【一人ひとりを特別扱い!】

午睡が苦手な理由として、目を閉じると暗くなって怖いとKくん自身が話しています。苦手なことには必ず原因があるので、Kくんを「お昼寝をしない困った子」と捉えることから「なぜお昼寝できないのか?」と考えていったことがこの実践の大切なところでしょう。「困った子」は「困っている子」なのです。

ところで保育者はKくんとの間でお昼寝の「約束」をしています。お昼寝が苦手というKくんの特性を理解しつつも、「Kくんにも我慢の経験が必要ではないか?」と考えたのです。そこに保育者の心の揺れがよみとれます。そうです。葛藤はそう簡単には乗り越えられないのです。

運動会の取り組みが始まると、保育者は、Kくんとのやりとりで活動に前向きになれない理由を探っていきます。行事が近づいてくると、「何とか頑張って取り組んでほしい」と保育者の思いが先行しがちになってしまいます。しかし、そこで焦ることなく、「Kくんも竹馬をお部屋でしてみる？」ときっかけづくりを試みながらも、Ｋくん自身から「やってみる」という意欲がでるタイミングを待っています。この姿勢がＫくんの心を開かせ、これをきっかけに保育者に自分の思いを伝え始めます。「落ちる時の恐怖感」が理由の一つであることを知り、高さの低い竹馬を用意しています。「これならできるかも！」と子ども自身が感じられることで、「やってみたい」という意欲が引き出されたのではないでしょうか。

Ｋくんに限らず、一人ひとりの子どもには違った事情があります。その事情を理解していくことで、その子にとっての適切な手立てが見えてきます。「みんなを平等に」ではなくて「一人ひとりを特別扱い」と考えると、保育者も子どもも前向きになれるのではないでしょうか。

4　異年齢保育における身体づくり

■実践「日々の暮らしや遊びの中から生まれてくる身体づくり」

■山口　裕美／熊本・黒肥地保育園

黒肥地保育園は周りを田んぼや畑に囲まれた緑豊かな場所にあります。田植え・稲刈りや山歩き・川遊び…と自然を身近に感じながらの暮らしを大切にしています。

【異年齢保育における日々の暮らし】

四つの「おうち」で二歳児から五歳児までの異年齢保育を始めて五年目（二〇一五年熊本集会提案当時）になります。各おうちは一八名前後の子どもたちと二名の保育者で構成されています。二〇一五年度は四月で二歳になった一歳児のるりちゃんもおうちの仲間入りをしています。異年齢での暮らしは急がされることもなく毎日が穏やかに過ぎていきます。二歳になったばかりのるりちゃんも自分のお姉ちゃんと同じおうちのせいか、不安がって泣くこともなくおうちに溶け込んでいきました。周りの子どもたちも自然に受け入れ、裸足で遊んだるりちゃんを「足ば洗うよ」と年長児が洗ってやる姿もあります。昼食や午睡も体力に合わせ、早く食べ始めたり、早く眠ったり…。それも六月になると、みんな一緒に時間を合わせることができる体力がついていきます。

【気になる身体の育ち】

子どもたちの中には、鉄棒がしっかり握れない、歩くのに身体が横に揺れる、食べ物をいつまでも口にふくんで飲みこめない、発音が不明瞭など、身体の育ちに弱さをもつ子どもがいます。また、一日中外で虫を探し、部屋に入ろうとしない子もいます。そんな子どもたちは食事中、皿を持って食べられない、肘をついて食べる、正座が苦手などの共通点が見られます。みんな一斉に何かに挑戦するのは難しいと思い、さりげなく運動を取り入れてみようと散歩の途中、小学校の登り棒や、ロープ、タイヤ跳びで遊んでみることもあります。身体的に不器用な状態にある子どもたちが自ら身体を使う活動に挑戦していこうという思いをどう引き出していくのか、日々の課題の一つです。

【天狗下駄への憧れ～カラス天狗の仕掛け遊び～】

園の子どもたちは一三年前、カラス天狗と出会いました。裏山の防空壕に遊びに行って散らかしたまま帰ったのですが、実はそこはカラス天狗の住処《すみか》だったのです！　カラス天狗から怒りの手紙が届きました。きれいに掃除をして「ごめんなさい」の手紙と天狗さんの絵をお供えしたことから、天狗さんは子どもたちの応援者になりました。天狗さんは子どもたちが元気で優しい子に育つようにといつもどこからか見守っているようです。五年前に天狗下駄が子どもたちのもとに届きました。さらに昨年、手紙と共に修行するようにと再び下駄が届きます。「自分の中に挑戦する気持ちがあれば、必ず乗れるようになる」と書いてありました。下駄はバランスをとるのが難しい一本歯の高下駄で、一〇・一五・一七センチのものがあります。特に一五センチのひも下駄は、両腕とのバランスもあり、難易度が増します。一本歯の高下駄への挑戦の始まりです。

【「下駄で転んでも泣かんもんね！」～ななちゃんの高下駄への挑戦～】

すぐに乗りこなす子、何度も転び膝を擦りむきながらも練習を重ねてやっと乗れるようになった子など、高下駄をめぐってさまざまな姿が見られました。そんな中に、毎日練習を重ねている年少児のななちゃんがいました。ななちゃんはちょっと頑固で、でも恥ずかしがり屋です。同じおうちの年中児のあやちゃんとるみちゃんが大好きで、よく一緒に過ごしています。優しく、いろいろなことを教えてくれる二人に憧れているななちゃん。二人が一七センチの高下駄に乗れるようになった姿を見て「私も乗りたい！」「仲間になりたい！」と感じたようでした。

最初はおとなに手を引いてもらい、ふらつきながら歩きます。何度も転び、膝に擦り傷をつくっては泣いてしまいます。ある日、「足の指のところが痛い」と訴えてきました。よく見ると指の間が赤くなり、下駄のひもの形がくっきりと残っています。「ななちゃんよく頑張ってるもんね。これはその証拠よ。きっともうすぐ乗れるよ！」その言葉を聞き、ななちゃんは「うん！」と痛さを吹き飛ばすかのように頷きました。家に帰って、母親に「おうち（わが家）でも下駄に乗りたい。どうしたら天狗さんくれるとね？」と尋ねたとのこと。母親が「保育園に天狗さんから手紙がきたとやろ？　じゃあ今度はななちゃんが天狗さんに手紙を書いてみれば？」と伝えると、そうか！　という表情になり、その夜に手紙を書いたそうです。まだ字が書けないので、天狗さんの絵を描き、次の日保育園に持ってきました。それを大事に持って、みんなで天狗の住処にお供えに行きました。

その後もななちゃんの練習は続きました。あやちゃんとるみちゃんも手を引いて支えてくれ、「ななちゃん、今少し乗れたよ！」と励まし、応援します。ななちゃんは「下駄で転んでも泣かんもんね！」と自分を奮い立たせて頑張ります。そしてひと月後、ついに一人で乗れるようになりました。その瞬間を一緒に見ていたあやちゃんとるみちゃんも「一人で乗れやった！」と大喜び。夕方、母親が迎えに来ると、ななちゃんより先に走って行って「高下駄乗れやったよ！」と報告してくれました。ななちゃんも母親も大満足です。夜、帰宅した父親にも「大きい下駄に乗りきるとばい！」と自慢したそうです。それからななちゃんは以前よりも自信を持って高下駄に乗り、仲良しのあやちゃんとるみちゃんと三人で手をつなぎ、サーカスの人のように円を描いて廻ったり、低い下駄でかけっこをしてみたりと下駄での遊びが広がっていきました。自分より小さい子の下駄乗りの手伝いをする姿も見られるようになりました。

【まとめ】

身体を動かすことに消極的な子や集団に入ることに抵抗がある子などがいて、一斉に同じ課題に向かっていくことは難しいのが現状です。そうした中、カラス天狗という仕掛け遊びのドキドキ感はみんな大好きです。日々の暮らしの中で、ままごとをしたり、お絵かきをしたり、ご飯を食べたりと、一緒に過ごしているあやちゃんとるみちゃんが高下駄に乗れたことで「挑戦してみたい」という強い気持ちがわいてきました。二人の方も小さいななちゃんを慰めたり励ましたりするうちに温かい気持ちが生まれ、根気よく練習に付き合えたのだと思います。日々の暮らしで、時にはくじけたりケンカしたりすることがあっても、仲間を励まし、励まされ、認め合いながら、ありのままの自分でいいんだという自己肯定感が育まれていきます。そこから一人ひとりが自ら意欲を持って取り組む身体づくりにつながっていくのだろうと思います。

■実践の分析と意味づけ

■黒川　久美

【なぜ、異年齢保育なのか】

黒肥地保育園は、二〇一一年より、二歳から五歳までの異年齢保育に取り組んでいます。一部屋一八名前後のクラスは「おうち」と呼ばれ、四つのおうちにはそれぞれ二名の保育者がいます。「異年齢での暮らしは急がされることもなく毎日が穏やかに過ぎて」いきます。今、家庭が、ホッとできる本来のおうちではなく、甘えやわがままなど素直に出せない場になっていないでしょうか。だからこそ、保育園は子どもが楽に過ごせるよう、おうちに近い環境であることが求められています。保育者の子どもへのまなざしは、年齢や「早い―遅い」「できる―できない」には捉われない、一人ひとりをまるごと理解することに向けられます。それは「ちょっと頑固で、でも恥ずかしがり屋」というななちゃん把握にもあらわれています。近年、発達や育ちに弱さを抱えた子どもが増加する中、運動会などで年長児全員揃っての目標達成ということが困難な状況が広がっています。全員一律の課題設定という保育のあり方の問い直しが求められているのです（注13）。山口実践でも「みんな一斉に何かに挑戦するのは難しい」とあります。では、子どもたちが身体を使う活動に挑戦しようという意欲はどう引き出されていったのでしょうか？

【ななちゃんの挑戦が教えてくれること】

修験者が山歩きで使ったという一本歯の高下駄は別名「天狗下駄」とも呼ばれます。バ

（注13）宮里六郎氏は発達に弱さを抱えた子どもが増える中、「これまでの全員揃って目標達成という前提が崩れてきた…。今日のような市場原理に貫かれ

ランス感覚などの身体機能が養われる天狗下駄への挑戦の様子が、ななちゃんの姿を通して語られています。この実践には二つの特徴点があります。

一つには、天狗と初めて出会った一三年前から「カラス天狗の仕掛け遊び」が園の文化となり、想像力をかきたてるワクワクドキドキ感や天狗下駄への憧れが子どもたちに共有されている点です。これが「発達の源泉」(注14)となって、ななちゃんの心の中にも「天狗さんミテテネ、自分も」という思いが生まれたといえます。同時に、でも乗れるようになるかな? という不安もあったことでしょう。憧れ=願いと今の自分の持っている力との間には隔たり(これを矛盾といいます)があります。この矛盾を、前向きに葛藤して乗り越えていくことによって発達は実現していきます。前向きに葛藤して乗り越えようとするななちゃんの様子は、異年齢保育の暮らしの中にいわば「発達の原動力」(注15)となるものがあることを示しているように思います。これが二つ目の特徴点です。

すなわち、挑戦しようという気持ちが引き出されたのは、他者からの誘いかけがあったからではなく、一緒に暮らしているあやちゃんとるみちゃんが高下駄に乗れた姿を見たことからです。いつも一緒にいる二人だから、自分もやってみたくなったのです。その背景には、異年齢の仲間との暮らしの中で安心して自分が出せる心地よさがあり、そして自分への信頼、自己肯定感が育まれているからこそ、ななちゃんもやりたいことを自己決定することができたのではないでしょうか。自分でやると決めたからには、転んで擦り傷をつくって涙が出ても、足指の間が赤くなっても、やり遂げるまであきらめることはしなかっ

た競争社会では、乳幼児期でも、できないことができるようになったことが、『できた喜び』ではなく、『やらなくてもいい喜び』や『次はできないかもしれない不安』にもつながっています」という問題を指摘している。(「異年齢保育から保育を問い直す」『現代と保育』八六号 ひとなる書房 二〇一三年)。

(注14) ここでいう「発達の源泉」とは「発達の原動力」を生み出す人的・物的環境のこと。

(注15) ここでいう「発達の原動力」とは子ども自身が矛盾を乗り越え発達すること。

たのです。その間、あやちゃんとるみちゃんは根気よく練習に付き合っています。困った時には助けてもらう、一方頼られる方には「温かい気持ち」が生まれてくる、このような関係がごく自然に存在することがあわさって、ななちゃんは発達の主体として、天狗下駄への挑戦を見事に達成していったといえないでしょうか。

5　運動会に向けた保育実践

■実践「みんなの気持ちを一つにして（四、五歳の二年間の跳び箱の取り組み）」

■上田　すみれ／熊本・保育園やまびこ

【子どもたちの実態】

四、五歳児の混合クラス（年長児九名、年中児一〇名、計一九名を保育者一名、状況に応じて補助一名が加わって担当）における年中児一〇名（男児五名、女児五名）の二年間の実践です。保育年数が長い子どもたちが多く、小さい頃から一緒に過ごしてきたということもあり、普段から仲の良いクラスです。

【馬跳び遊びからはじめて】

職員会では、運動会で跳び箱を取り入れると決めました。早速跳び箱を始めました。跳び箱を出すと、早く跳んでみたいと興味を示す子がほとんどでした。まずは三段からの挑戦。跳び箱は一つ間違えると危険な体育用具なので、走り方（助走）、踏み板の使い方、手のつき方など、手本を見せながら指導しました。保育者が跳んだのを見て「おぉ～すご～い！」と子どもたちの間から歓声が上がりました。でも実際に子どもたちが跳んでみると、一人も跳ぶことができません。何度挑戦しても跳び箱にまたがるだけの子どもたち。最初から大きな壁にぶつかってしまいました。

そこで、違う方法で教えることはできないかと考え、馬跳びを子どもたちに取り入れることにしました。友だちの背中の上を跳ぶことに最初は抵抗があったようで、戸惑う子も多かったのですが、一度跳ぶことができるとどんどん自信をつけていきました。笑顔も増え、楽しく馬跳びで遊ぶ姿が見られるようになりました。しかし、まだ跳べないでいる女児四人がいました。その子たちの心の中では、不安だけが大きくなるようで、馬跳びの遊びをするたびに跳べずに表情が暗くなってしまいます。そんなある日、自由遊びの時、馬跳びができない四人に何人かの子どもたちが馬跳びを教えている光景を目にしました。不安になっていたAちゃんにHくんが「こわくないよ。オレが馬になってやる」と励まします。身体が小さくジャンプが足りずに友だちの背中にお尻がぶつかってしまうYちゃんにはMちゃんが「あと少し！　手はね、ここに置くと！自分の手で、友だちの身体ば少し押さなんとよ」と声をかけていました。跳べない子にとって、友だちが自

分のために一生懸命に教えてくれるのは嬉しかったようで、「跳べない」「跳びたくない」と思っていたAちゃん、Yちゃんも、やってみようという気持ちになったのか、何度も何度も挑戦して頑張っていました。

そして一か月半後、全員、馬跳びができるようになりました。そこで本格的な跳び箱遊びを始めることにし、馬跳びのイメージを壊すことなく進めていけるように、四段の横跳びから始めました。人だと安心感がありますが、人から跳び箱に変わったことで、恐怖感が出て最初は跳べない子もいました。何度か挑戦するうちに、馬跳びと同じ動作の感覚で跳べばいいことがわかり、全員が跳べるようになりました。しかし、四歳児の特徴である「揺れる心」が身体とのバランスでちぐはぐになり、突然跳べなくなることも多々ありました。そして一年目の運動会では、一〇人中八人が五段の横、二人が四段の横を跳ぶことができました。

【「こころ」を育てた跳び箱の取り組み】

年長になり、運動会で引き続き跳び箱に取り組むことにしました。「今度は、横跳びではなく、縦跳びも跳んでみたい！」と子どもたちから声が上がりました。それから縦跳びへの挑戦が始まりました。今度も、最初は縦の馬跳びをしてイメージをつかむことにしました。毎週みんなでやっているリズム遊びの中に、馬跳びを取り入れて遊んでいたので、怖がることなくみんな自信を持って跳ぶことができました。年中の頃は、自信がなく、怖がっていたMちゃん、Rちゃん、Aちゃんも最初から自信を持って跳んでいました。また、同じクラスの年中に馬跳びを教えている姿も見られました。去年は、最後まで跳べずにいたAちゃんが「こわくないよ！　だいじょうぶ！」と、去年自分が友だちから励まされたように、今度は年中の友だちを励ましている姿も見られ、保育者も嬉しくなり、子どもたちの成長を感じました。

馬跳びの縦跳びが跳べるようになってきたので、跳び箱での挑戦も始めていきました。ところが、縦の跳び箱は馬跳びの縦跳びより、はるかに難しく、手をつく位置、手で身体を押す力が重要になってきます。なかなか跳べないRちゃん、Aちゃん、Yちゃんが跳べなくてやる気をなくしているのを見て、周りの子どもたちも、声かけをしたり、跳び方を教え合ったりする姿が見られました。友だちの助けもあり、再び頑張ろうという気持ちを持つことができ、Rちゃん、Aちゃん、Yちゃんは最後までいろんな高さへの挑戦をして頑張り、運動会ではRちゃんはみんなと同じ縦の五段を跳ぶことができました。

Aちゃんと Yちゃんも五段を跳べるようにはなりましたが、自信を持って跳ぶまでにはまだ時間が必要でした。ただ年中さんを励ましたり、自ら「跳べるようになりたい」と逃げずに挑戦したり、年中の時とは違う気持ちが育っています。そこで、運動会の二日前、保育者がAちゃんとYちゃんに「運動会では五段を跳ぶ？　それとも四段を跳ぶ？」とたずねたら、二人とも「四段を跳ぶ」と言ったので、運動会当日は四段の縦跳びを三回跳びました。

【運動会ってなんだろう?】

運動会の次の日、Yちゃんの保護者からの連絡ノートに「親としては跳べなくてもいいので、五段にも挑戦させてほしかったです…」という思いが書かれていました。そのおたよりを読んで考えさせられたのは、跳べなくても五段を跳ばせた方が良かったのか? 五段を跳べるまで何度もチャレンジさせた方が良かったのか? 運動会前に、もっとAちゃん、Yちゃんの保護者と、跳び箱を跳ぶことについて、詳しくお伝えし、今までの経過や取り組みについて、話し合いをしておくべきだったのか? ということです。「毎日頑張っています」程度のお知らせは、クラスだよりや連絡ノートではしていましたが、もっと保護者の気持ちも理解しながら、運動会の日を迎える必要があったのではないかと反省しました。取り組みの過程で、子どもたちに育っている姿を保護者と共有しておくことが大切だったと思います。跳び箱遊びが楽しくなり、自信もたくさん持てるようになった子どもたちは、他のいろんな運動遊びも好きになり、「あきらめないで、最後まで挑戦しよう」という気持ちが育ちました。

■実践の分析と意味づけ

■福井　英二

【年中期の馬跳び遊びの中で】

四、五歳児混合クラスにおいて運動会で跳び箱を跳ぶことをねらいとし、取り組んだ実践です。四歳児にとって、跳び箱での開脚跳びは、かなり高度な取り組みです。走っていって両足で踏み切って、自分の体を腕で支えながら、前に跳ぶという三つの動作を同時に行うので、いきなり跳び箱を出して跳ばせても四歳児にとっては、無理なことがわかり、取り入れたのが「馬跳び遊び」です。跳び箱と違って人間の身体の上を跳ぶのは、安心感があり、みんな楽しんで挑戦し始めました。おとなが馬になる場合は、子どもの状況を見ながら、すぐに高さを調整してあげることができます。いろいろな友だちと関わりながら楽しくやれるので、みんな跳べるようになったとのこと。何といっても、楽しんで運動能力を身につけていけたことが素晴らしいと思います。運動会で全員が跳び箱の横跳びができたのは、まさに馬跳び遊びの経験をたっぷりとしたからこそといえましょう。

【年長になり、跳び箱の縦跳びへ】

進級し年長になった子どもたちが、今度の運動会では「横跳びではなく縦跳びに挑戦したい」という希望を自分たちから出したとのこと。年中期の経験を通して、跳び箱に挑戦するのが苦痛でなく楽しみになっていることは素晴らしいことです。年長になってからも自分たちで縦の馬跳びをやったり、年中さんたちに跳び方を教えたり励ましたりしている姿は、年中の時とは違う年長さんらしい逞しさを感じることができます。跳び箱遊びの特徴は、子ども一人ひとりが憧れる遊びであり、友だちが挑んでいたら自分も刺激され、挑戦したいと思えるものです。しかも年長期になると「五段の縦がいつかは跳びたい」という強い気持ちが育っていきます。だからといって、おとなが「横でなく縦を」とか「三段でなく四段を」「四段でなく五段を」と求めていくと子どもはやる気をなくしていきます。あくまでも、子ども自身が決めて挑戦するのが大切なのです。年長期の子どもたちは、跳び箱遊びを繰り返しながら徐々に難しいことにも挑戦していきます。

【運動会をどう捉える】

運動会で四段を跳んだ年長児の保護者から「五段に挑戦させてほしかった」という感想が出されたことに対して、保育者は運動会に対する思いのズレを解消できなかったと述べています。このことについてどう考えたらいいでしょうか。

運動会は年一回行われる公開保育の場です。そこに向けて子どもたちに「あきらめないで最後まで頑張ってみよう」という意識が芽生え、友だちと共にできるようになる喜びを感じとらせることが大切です。体育の取り組みは特に結果だけが見えやすく「できる、できない」で見てしまいがちですが、大切なのは取り組みの過程です。

身体づくりとしての運動は子どもたちの「こころ」を育てていることをこの実践は投げかけています。子どもにとっては運動会で終わりではなく、運動会に向けた取り組みから運動会後も「やってみよう」と挑戦していく「こころ」を育てていくことを、保護者と共有していきたいものです。子どもたちの取り組みの様子を丁寧に話し合い、成長を確認し合える場にしていきましょう。

コラム

■分科会を支える運営委員の学びの場「運営委員学習会」とは

脇　信明

運営委員学習会を行う意味

分科会の進行を担う重要な役割をもつ運営委員。その運営委員を対象とした「運営委員学習会」というものが、毎年行われていることをご存じでしょうか。その説明をする前に、運営委員の役割について改めて整理しておきたいと思います。これについては九州合研ブックレットの三冊目として刊行された『保育っておもしろい！　障がい児保育』のコラムに、元九州合研常任委員の高田清氏が、次の三つにまとめています。①九州合研は長い歴史がある集会なので、その研究蓄積を学びつつ、今の保育の状況や実践的課題を知る必要があり、また時代とともに新しい委員も入るので、学習活動は欠かせないこと、②運営委員は提案者が「提案してよかった」「保育の展望が見えた」と思えるような分科会運営をする必要があり、そのための運営方法をしっかり考えていく必要があること、③分科会報告の執筆を行い、到達点の記録として残していくこと、というものです。今の保育の課題をおさえつつ、これまでの実践検討の成果を積み上げ、提案からの学びを豊かにする、という重責を担っている運営委員だからこそ、学習会を行うことが必要なのだといえます。

また、運営委員は研究者ばかりではなく、保育者、給食担当者、学童保育の指導員や小学校教師、医師など職種や業種もさまざまです。運営委員学習会を通して相互に交流しながら、よりよい分科会にするために学習会を行っているのです。では、具体的にどのようなことが学習会で取り上げられているのか、ここ数年の内容を挙げてみたいと思います。

運営委員学習会の内容

運営委員学習会は、九州合研の集会前日の一八時から二一時まで三時間かけて行われています。まずは、（1）常任委員会代表による「九州合研の歴史と課題」についてのレクチャーがあります。ここで、九州合研がめざすものは何か、何を大切にしているのか、そして分科会をなぜ大切にするのかなどを改めて確認し、集会の意義や役割について認識を深めることになります。次に（2）基調提案作成委員会からの「基調提案プレゼンテーション」が前もって行われます。毎年作成される基調提案には九州の保育の課題と今後の方向性が提起されており、それを聞くことで今の保育の諸問題を認識するとともに、今年の分科会の実践提案と結びつけて考え、より深い検討につなげていくことができるからです。さらに（3）「分科会報告」が行われます。これは毎年一つの分科会から、これまで積み重ねてきた議論の過程とそこから明確になった学びの内容や到達点、そして近年の実践上の課題などについて報告がなされます。これにより他の分科会の様子などを運営委員全体で共有することができます。その後、（4）「分科会運営についての基本的な方針」についての提起や、分科会相互の「情報交換・意見交流」などが行われます。ここでは、分科会の枠を越えた運営委員同士の交流なども行われます。分科会は九州合研の要です。だからこそ分科会が充実したものになるための配慮や工夫が求められます。運営委員が一方的に進めたり恣意的または独善的な運営では充実した分科会は望めません。「提案」を丁寧に検討し、また「提案者の学び」を大切にした充実した運営へとつなげるため、運営委員同士で意見交換し、新たな視点を得つつ明日からの分科会運営の糧にしていきます。

さて、九州合研では、ある一定の周期で分科会の構成が見直され、新設・変更・統合が行われています。それらについて検討し最終的な決定をする場としての役割も、運営委員学習会が担っています。分科会運営に責任を持つ運営委員だからこそ、より充実した学びを展開できる分科会全体の在り方を考えることが求められるのです。

今の保育の諸課題をおさえつつ豊かな保育・子育てを考えるための分科会でありつづけるためにも、運営委員学習会は九州合研にとって大切な「学びの場」であるといえるでしょう。

第4章 身体づくり（運動）分科会のあゆみとこれから

1　身体づくりの模索期（第八回・一九七七年〜第一四回・一九八三年）

一九七七年第八回九州合研（福岡県二日市で開催）にて、「身体づくり・運動」分科会の前身となる「健康保育」分科会が誕生しました。最初の提案は「〇歳児からの健康保育」と「みんなで取り組んだ水遊び・水泳指導」の二本でした。

子どもの健康が心身ともに蝕まれてきていることが社会問題化したことをきっかけにこの分科会が生まれ、多くの方々が参加するようになりました。子どもの体力・運動能力への関心が高まる中で「マラソン」よりも「鬼ごっこ」の方が運動能力が伸びたという興味ある実践が報告されました（北九州・中間東学園）。

また、健康や身体づくりにおいては、食（給食）の大切さへの関心が高く、第九回集会からは「健康・体力づくり」分科会と「健康・給食」分科会の二つの分科会に分けることになりました。そうすることで討論が深まっていったように思います。さらに、「健康・体力づくり」分科会では、鍛錬、散歩、マラソン、薄着、水遊び、体育遊び、足裏の調査などの実践が多数報告されました。健康をテーマに身体づくりにどう取り組んでいくかさまざまな実践が出されて模索していた時期です。

2　子どもの健康という現代的テーマを深め合い充実させてきた時期（第一五回・一九八四年～第二五回・一九九四年）

子どもたちの身体面、精神面の両面において、そのゆがみ（「背中ぐにゃ」「すぐに疲れたと言う」「朝からあくび」「ちゃんと座っておれない」）が指摘（注1）され、社会の大きな関心事となってきた一九八〇年代。保育や教育を考える時、そして子どもの健やかな成長を願う時、まさにこの「子どもの健康」は現代的テーマであり、最も根が深い深刻な問題である、そのために総合的視点をおとながもつことが必要ではないかという認識のもとに第一五回長崎集会で分科会を再編しました。保育者中心の「健康・体力づくり」分科会と給食担当者中心の「健康・給食」分科会で討議してきた流れを一つにまとめて「健康・給食・生活リズム」分科会としてやってみようということになりました。この頃の九州合研集会では分科会が二日間行われていたので、一日目に提案を全体で聞いた上で、二日目は分散会にして、それぞれの専門分野を深めるようにするやり方が定着していきました。さらに、専門的立場の小児科医が世話人（現運営委員）としてそれぞれの分散会に入るようになり、討議がいっそう深まっていきました。子どもたちの状況では、アレルギーが大きな問題になるとともに、「転びやすい子」「じっとしていられない子」「体の緊張が抜けない子」など、専門機関との連携や保護者との連携の問題が常に話題になり、討議時間が

（注1）正木健雄『子どもの体力』、大月書店、一九七九年。

足りなくなってきました。また「健康・給食・生活リズム」分科会としての一〇年間は給食に関する提案が多く、分科会参加者も給食関係者が七、八割になっていました。そこで第二六回集会より、再び二つの分科会に分かれることになりました。

3　〇歳児から年長児まで体育的活動の実践が掘り起こされていった時期（第二六回・一九九五年〜第三七回・二〇〇六年）

「生活・健康・食」分科会と「身体づくり・生活リズム」分科会に分けたことから、体育的活動（運動）に関する提案が掘り起こされ、第二六回集会では、二本の提案いずれもが〇歳児の実践――「Mちゃん、おいでおいで」（福岡・若竹保育園）と、「よりよい発達を願って〜その子その子に合った乳児体操」（熊本・やまなみこども園）――でした。これまで、三歳未満児の提案が少なかった中での〇歳児の提案はとても新鮮で、多くの参加者からたくさんの意見が寄せられました。

その後「生活リズム」については「生活・健康・食」分科会で論議してもらうことになり、分科会名称も『身体づくり（体育的活動）』となりました。「身体づくり（体育的活動）」分科会は、「こころ」と「からだ」の関係をどう捉えていくのか、体育的活動を通してどの運動能力がついていくのかなど、専門的な論議を小児科医と共に深めていくことができました。さらに、自然環境の変化や家庭においてはメディアの発達などにより生活リズムが乱れたり、人の声に対して反応が弱くなるなど乳幼児期から身体とこころが蝕まれ始めていることなど、新たな問題が提起されるようになっていきました。

4　生活環境の変化の中での多様な身体づくりの実践（第三八回・二〇〇七年〜現在まで）

第三八回集会より「身体づくり・運動」分科会という名称に変更しました。運動遊びだけでなく野菜作りや動物飼育などの実体験を通した実践や、〇歳から年長まで楽しめる「さくら・さくらんぼのリズムあそび」（注2）を取り入れた園の実践が増えてきたり、各園の置かれている環境に応じて遊具などを見直す実践が出されてきました。運動会の競技をはじめ、運動遊びは「できる・できない」ということが見えやすいため、結果に捉われがちですが、やろうとする意欲が大切であり、その過程こそが大事であることを参加者で確認しあってきました。

三歳未満児クラスの担任の参加者も年々増えて、乳児期からの子どもたちの気になる姿が多く出されるようになりました。保育環境の違いを超えてさまざまな工夫をすることにより、身体を動かすのが楽しいという実践がすべての年齢から出されるようになっていきました。

（注2）さくら・さくらんぼ保育園を創設した斎藤公子が実践提唱したリズム遊び。最大の特徴は、生物進化発展の法則に則り、その過程で行われる移動運動（寝返り、ずり這い、高這いなど）やさまざまなステップ（スキップ、ギャロップなど）が取り入れられていることである。

5　乳幼児期の身体づくりのこれからの課題

子どもたちの今の状況は、身体づくり・こころづくりから見ると、決して良い状況ではありません。分科会の参加者から、現場での子どもの「身体」や「こころ」について気になる報告が年々増えてきています。子どもの身体に関わる実践もすべての年齢から出されてきていることが特徴です。

近年の住環境・育児方法の変化による「体幹」の弱さに見られる〇歳から二歳児段階での身体の育ちそびれは三歳以降に持ち越されています。三歳未満児で姿勢制御、移動運動を経験していたにもかかわらず、三歳以上児段階で身体の育ちが気になるケースが多いことも分科会で指摘されてきました。さらに保育園・幼稚園・認定こども園を取り巻く制度や、『保育指針』・『教育要領』の改訂（改定）など、保育をめぐる状況の変化がある中で、各園での身体づくりの成果と課題を掘り下げて交流したり討議していく必要があります。そして子どもにとって「運動とは何か」という原点に戻っての討議が求められてきています。

■福井　英二

おわりに

このブックレット『ワクワク ドキドキ 身体づくり』刊行に向けた最終作業の最中に東京・目黒での痛ましいニュースが伝えられました（二〇一八年六月）。そして、平均体重より八キロ少なかったという五歳女児が書いた、次のような言葉が私たちの胸に突き刺さりました。

「…これまでどれだけあほみたいにあそんでいたか あそぶってあほみたいなことやめるので もうぜったいぜったいやらないからね ぜったいぜったいやくそくします」

私たち、「身体づくり・運動分科会」では、身体を思いっきり動かし、友だちと関わりながら遊ぶことを通して子どものこころと身体がたくましく育っていくものと考えています。そして、発達課題や生活課題をふまえながら、子どもたちがワクワク、ドキドキするような遊びを分科会での実践提案やそれに基づいた討議の中で創り出そうとしてきました。さらに、子どもが遊び、食べ、育つ、そうした当たり前のことを喜ぶ保護者や保育者の存在の大きさも確認してきました。先の女の子の例に限らず、すべての子どもたちが、「子ども期」を、子どもらしく生きることが難しくなってきています。しかも、子どもを取り巻く環境にくわえ、保育をめぐるシステムが大きく変わろうとしている今だからこそ、多くの方にこのブックレットを読んでいただき、子どもの発達、とりわけ身体づくりにとって豊かな遊びを通した経験が欠かせないことを確認し合うきっかけになることを、執筆者一同、心から願っています。

鐘ケ江　淳一

「ワクワク　ドキドキ　身体づくり」執筆者

福井　英二　こばと保育園
坂本　慎也　河内からたち保育園
鐘ヶ江淳一　九州産業大学
江田　佳子　こばと保育園
古林　ゆり　精華女子短期大学・九州合研常任委員
池田　慎治　河内からたち保育園
山口　香奈　ひまわり保育園
山口　裕美　黒肥地保育園
黒川　久美　社会福祉法人麦の芽福祉会・九州合研常任委員
上田すみれ　愛育保育園（旧園名：保育園やまびこ）
脇　　信明　長崎大学・九州合研常任委員
大元　千種　筑紫女学園大学・九州合研常任委員会代表

●「わが園で人気の運動遊び」執筆園

共同保育所ひまわり園・鹿児島
たんぽぽ保育園・大分
保育園ひなた村自然塾・佐賀
わかくさ園保育所・長崎

●「グラビア写真」提供園

玄海風の子保育園・福岡
こばと保育園・福岡
柳瀬保育園・福岡
若竹保育園・福岡
保育園ひなた村自然塾・佐賀
わかくさ園保育所・長崎
よいこのくに保育園・遊々舎・大分
河内からたち保育園・熊本
黒肥地保育園・熊本
乙房こども園・宮崎
南方保育園・宮崎
大口里保育園・鹿児島
むぎっこ保育園・鹿児島

「保育っておもしろい！」ブックレット
ワクワク　ドキドキ　身体づくり

2018年9月1日　第1刷発行

編　者　九州保育団体合同研究集会常任委員会

発行者　竹村　正治
発行所　株式会社 かもがわ出版
〒602-8119 京都市上京区堀川通出水西入
TEL075（432）2868　FAX075（432）2869
振替01010-5-12436
ホームページ　http://www.kamogawa.co.jp
印刷所　新日本プロセス株式会社

ISBN978-4-7803-0979-9　C0037